ESTRATEGIA CORPORATIVA

Estrategia corporativa

C.K. Prahalad

Gary Hamel

Yves L. Doz

A. Bettis

DEUSTO

Planeta DeAgostini Profesional y Formación, S.L.
Avda. Diagonal, 662
08034 Barcelona

Composición: Anglofort, S.A.
Traducción: Germán Orbegozo, Idoia Bengoechea, José Borja
Diseño de tapas: paco·pepe comunicació

Impreso en España por: Rotapapel, S.A.
ISBN de la obra: 84-234-2386-7
ISBN de la colección: 84-234-2393-X
Depósito legal: B-M-40429-2005

Índice

La estrategia como objeto de estudio: ¿por qué buscar un nuevo paradigma?

C.K. PRAHALAD* Y GARY HAMEL**

Resumen

Los grandes cambios estructurales en numerosos sectores, originados por importantes factores tales como la liberalización, la competencia global, las discontinuidades tecnológicas y las cambiantes expectativas de los clientes, plantean nuevas dificultades a los directivos de empresa de numerosos países. Las antiguas recetas ya no funcionan. Los líderes empresariales que intentan que sus empresas sean nuevamente competitivas están dejando atrás los enfoques estratégicos tradicionales. Buscan nuevas fórmulas que fijen el rumbo en un entorno turbulento. Los académicos que se enfrentan a la misma realidad cuestionan igualmente la validez de los conceptos y herramientas del ámbito estratégico. Dado que se carece de un paradigma estratégico coherente y útil, parece que los directivos empresariales han decidido centrar su atención en la «im-

* School of Business Administration, Universidad de Michigan, Ann Arbor, Michigan, Estados Unidos.

** London Business School, Londres, Gran Bretaña.

plantación», como tabla de salvación, y prácticamente han abandonado la estrategia, que ha perdido importancia e interés. Los académicos continúan buscando nuevos enfoques. En este artículo, presentamos ideas nuevas y creativas relacionadas con las cuestiones y metodología que podrían conducir al desarrollo de un nuevo paradigma.

Desde comienzos de esta década de los noventa, la estrategia como objeto de estudio está atravesando por una etapa difícil. Ante la amenaza de los nuevos competidores a nivel global, la dirección de las empresas se dedicó de lleno a la implantación de la GCT, la reingeniería de procesos, las reducciones de plantilla, el trabajo en equipo y el proceso de transferencia de mayor capacidad de decisión y responsabilidad a los empleados. La mayor preocupación era ponerse a la altura de las mejores empresas de la competencia. Los aspectos relacionados con la estrategia parecían algo lejano, de escaso interés e importancia. Los términos clave eran «implantación» y «ejecución». Numerosos directivos, al parecer, consideraban la estrategia como algo fácil, lo difícil era la implantación. En consecuencia, el personal dedicado a este aspecto se redujo drásticamente o se eliminó por completo. Los consultores adaptaron sus herramientas para poder responder a las exigencias de sus clientes. Incluso empresas de gran prestigio, como McKinsey y Boston Consulting Group (BCG), cuya fama se basaba en la consultoría sobre aspectos estratégicos, empezaron a hacer menos hincapié en éstos y a centrarse más en todo lo relacionado con la implantación y la eficacia de la operativa ya existente: por ejemplo, la reingeniería de procesos y la reducción de los ciclos de tiempo.

La desilusión del mundo académico con lo publicado sobre estrategia y las distintas escuelas de pensamiento no fue tan generalizada, pero sí se produjo con bastante rapidez. Así por ejemplo, Mintzberg (1994) cuestionaba el proceso de planificación e implícitamente el de desarrollo de estrategias. Ponía en tela de juicio la validez y utilidad de los distintos enfoques para el análisis estratégico, que han constituido la base de la investigación en este campo durante los últimos 25 años. Pero no sólo se cuestionaban las herramientas y procesos de planificación, sino también el concepto de organización con un objetivo.

Para el observador no especializado, las metáforas de la estrategia como proceso evolutivo de adaptación y aprendizaje parecían indicar que las empresas de éxito eran sencillamente aquellas que se adaptaban con rapidez a las cambiantes exigencias del entorno. Así, era mucho más probable que la alta dirección de las empresas exigiera mayor rapidez de respuesta que mejores ideas estratégicas. No estaba claro si el debate giraba en torno a la validez de la teoría y la práctica estratégica o en torno a la necesidad de que la alta dirección de las empresas se centrase en esos aspectos y adoptase un comportamiento consecuente con ello. Algunos de los críticos más extremistas de la disciplina estratégica parecían haber olvidado que, independientemente de la eficacia de funcionamiento del cuerpo (la organización), éste sigue necesitando un cerebro (rumbo estratégico).

Otros teóricos estaban igualmente preocupados por el sentido en el que iba la investigación estratégica, así como su aplicación práctica en el mundo de la empresa. Rumelt Schendel y Teece (1991-1994) lanzaron las primeras advertencias. Tras la conferencia celebrada en 1990, plantearon cuatro cuestiones básicas que están en la base de la teoría y la práctica estratégicas: ¿cómo se comportan las empresas?, ¿por qué tienen comportamientos diferentes?, ¿cuál es la función y el valor añadido de la unidad de servicios centrales en las empresas multinegocio? y ¿qué es lo que determina el éxito o el fracaso de la empresa en tanto que competidor internacional? Invitaron a académicos con trayectorias poco tradicionales para que aportaran sus ideas. Se trataba no sólo de plantear cuestiones básicas, sino de buscar respuestas poco convencionales a las mismas. La autocrítica positiva es condición sine qua non para el progreso.

La actual confusión en este campo, tanto en el ámbito teórico como en el práctico, nos parece algo positivo y nos lleva al optimismo, en este sentido. La situación de la estrategia, durante la década de los noventa, puede describirse como «el mejor y el peor de los momentos» para los teóricos de esta disciplina. Muchas de las críticas serán probablemente válidas, aunque con frecuencia a los críticos se les escape lo básico. Consideramos que, en esta década de confusión, es más necesario que nunca continuar reflexionando sobre este tema. Los miembros más sesudos del mundo académico reconocen que los conceptos y herramientas de análisis que constituyen la base de lo publicado sobre esta disciplina, en la época de mayor apogeo de la misma (1965-1985), deben reconsiderarse, para así abrir el camino a las nuevas ideas. Por ello, nos hemos decidido a publicar este artículo sobre el tema, que, desde luego, no constituye más que un pequeño comienzo en el camino de búsqueda de nuevos paradigmas.

La situación de la estrategia, durante la década de los noventa, puede describirse como «el mejor y el peor de los momentos» para los teóricos de esta disciplina

En la introducción, trataremos de los principales factores que determinan la necesidad de un nuevo enfoque de la teoría y la práctica estratégicas. Dado el nuevo entorno competitivo, muchas de las ideas básicas de los modelos estratégicos tradicionales pueden haberse quedado obsoletas o incompletas, aspecto que consideraremos a continuación.

Insistiremos en la necesidad y la urgencia de que los directivos empresariales piensen y actúen estratégicamente. Esta realidad nos obliga a reconsiderar los paradigmas tradicionales, siguiente aspecto del que nos ocuparemos. Seguidamente, volveremos a nuestra tesis básica: hoy más que nunca, el área estratégica supone un campo muy fértil para la investigación innovadora, durante la presente década e incluso más allá de ella.

Entorno competitivo cambiante

En las cuestiones básicas planteadas por Rumelt y los demás (1991-1994) está implícita una determinada visión del entorno competitivo en el que se mueven las empresas. Creemos que entre 1984 y 1994 dicho entorno competitivo ha cambiado notablemente. La suerte corrida por algunas de las empresas más grandes y mejor gestionadas del mundo durante los años setenta y principios de los ochenta –IBM, General Motors, Caterpillar, Xerox, Sears, DEC, etc.– puede atribuirse a los cambios radicales que se han registrado en sus respectivos entornos competitivos, así como a la incapacidad de sus

Cuadro 1 La inevitabilidad de los cambios

directivos para preverlos. El problema no es exclusivo de las empresas norteamericanas. Así, las europeas como DAF, Philips, Benz e ICI, o las japonesas: NEC, Fujitsu, Matsushita y Komatsu se enfrentan al mismo problema de tener que reenfocar sus recursos y responder a las nuevas realidades del entorno competitivo. ¿Por qué esta transformación tan radical, que se vislumbraba ya desde hacía algún tiempo, no ha conseguido centrar la atención sistemática de los directivos de empresa ni de los académicos? Los factores que han afectado a la naturaleza de la competencia dentro de los diferentes sectores han sido varios. Estos factores han modificado las fuentes de ventajas competitivas y el funcionamiento económico de los diferentes sectores de un modo nuevo e imprevisto. En el cuadro 1 quedan recogidos algunos de estos factores.

Liberalización

La liberalización del transporte aéreo, seguida de la de las telecomunicaciones y el sector financiero han tenido consecuencias importantes en Estados Unidos y Gran Bretaña. La rentabilidad de estos sectores (líneas aéreas, por ejemplo), la competencia dentro de los mismos y las oportunidades de mercado (por ejemplo, en las telecomunicaciones) se han visto influidas por el fenómeno de la liberalización. A su vez, estos sectores influyen en otros muchos existentes (por ejemplo, distribución al detalle y logística) o que están surgiendo ahora (el sector multimedia, por ejemplo). Sin embargo, la liberalización y privatización de las industrias críticas de infraestructura no se limita a Estados Unidos, sino que se trata de un fenómeno de ámbito mundial: se da en Europa, Japón y en países en vías de desarrollo como la India; así como en las economías dirigidas, que también atraviesan por una etapa de transición.

Cambios estructurales

La revolución en el campo de las telecomunicaciones viene determinada por la liberalización; sin embargo, la del sector informático se está produciendo debido a los cambios estructurales derivados de la tecnología y las expectativas de los usuarios. IBM y todas las demás empresas de productos compatibles con los de ésta (Fujitsu, Hitachi, Bull) estaban integradas verticalmente. Ahora bien, la nueva industria informática se encuentra muy fragmentada. Intel y Motorola dominan la fabricación de componentes. Compaq, IBM y Apple son las grandes del *hardware*. Microsoft es líder en sistemas operativos. Lotus y otras se especializan en distintos conjuntos de aplicaciones. Por otro lado, existe una amplia gama de canales de distribución: desde Dell computers, pasando por Sears y los revendedores de valor añadido, hasta los canales de distribución propios de las empresas. Este cambio estructural, es decir, el paso de un sector integrado verticalmente, centralizado y orientado hacia los macroordenadores centrales a otro entorno descentralizado, de estructura fragmentada y dominado por empresas especializadas, ha modificado enormemente la naturaleza de las ventajas competitivas de que disfrutaban los participantes tradicionales del sector como IBM. La base de la competencia y el funcionamiento económico de dicho sector ha cambiado radicalmente. Han surgido nuevos competidores que han puesto fin al liderazgo de las empresas que llevaban más tiempo en el mercado. Hoy nos resulta difícil creer que Compaq no existía en 1980. Esta empresa está compitiendo con IBM, por la obtención del liderazgo a nivel mundial en el mercado de PCs, ordenadores portátiles e incluso otros.

La reestructuración de la capacidad global es una de las cuestiones importantes a las que es necesario enfrentarse

Exceso de capacidad

El exceso de capacidad origina una fuerte reestructuración de los sectores que la experimentan. Así por ejemplo, el sector de productos químicos indiferenciados y fabricados en grandes cantidades antiguamente sufría crisis periódicas originadas por el exceso de capacidad (Bower, 1986). Bower analizó y probó la complejidad de la interdependencia entre políticas estatales y de la empresa privada, a medida que este sector intentaba negociar su reestructuración para acabar con el exceso de capacidad, implicando a los gobiernos europeos, norteamericano y japonés. Las negociaciones fueron determinando los horizontes temporales, la relación coste-beneficio, las consecuencias desde el punto de vista competitivo y el impacto social de dicha reestructuración. Durante los últimos diez años, han sido numerosos los sectores que han tenido que enfrentarse al problema de exceso de capacidad: desde la electrónica de consumo a la industria del automóvil. Además, mientras cada uno de estos sectores se enfrenta a dicho problema, en los países en desarrollo como China e India, se está ampliando la capacidad de los mismos. Así pues, la reestructuración de la capacidad global es una de las cuestiones importantes a las que es necesario enfrentarse.

Hoy más que nunca, el área estratégica supone un campo muy fértil para la investigación innovadora

Fusiones y adquisiciones

Las fusiones, adquisiciones y alianzas se han utilizado como forma de solucionar el exceso de capacidad (racionalización implícita), al igual que como medio de acceder a mercados

La creciente preocupación por las consecuencias de la industrialización sobre el medio ambiente constituye un factor importante

cerrados y/o dominados por el sector público. Las fusiones, adquisiciones y alianzas han constituido un fenómeno muy importante en sectores tales como las telecomunicaciones, el financiero, la energía eléctrica, etc. Este fenómeno ha planteado toda una serie de cuestiones estratégicas: antitrust, valoración, costes, integración tecnológica, racionalización de la línea de productos, integración de la adquisición, etc. (Haspeslagh y Jemison, 1991).

Preocupaciones medioambientales

La creciente preocupación por las consecuencias de la industrialización sobre el medio ambiente constituye un factor importante. Aspectos tales como el empaquetado de los productos, el reciclaje, las instituciones dedicadas a la defensa del medio ambiente, la responsabilidad de empresas y otros organismos en el mantenimiento de la seguridad medioambiental y la obligación de descontaminar suponen nuevas exigencias para todas las organizaciones. La necesidad de «ser ecológico» o «verde» tendrá importantes consecuencias para todo tipo de empresas, en cuanto a la concepción de los productos y servicios, su utilización y el desecho de los mismos por parte de los consumidores.

Menor proteccionismo

Cada vez más, están desapareciendo las restricciones que ponían límites al comercio global. Los distintos países y regiones continúan protegiendo su industria, pero los intentos de proteccionismo abierto son cada vez menos defendibles. Sobre todo porque la ineficacia resultante del proteccionismo en sectores como las telecomunicaciones, los servicios, la energía eléctrica, la agricultura, los seguros, la construcción, la distribución al detalle, etc. se está poniendo de manifiesto. Tanto en Japón como en Alemania, Francia y en numerosos países de economía *quasi* planificada, numerosas empresas se ven ahora obligadas a mejorar sus productos y servicios, de modo que se ajusten a los estándares exigidos a nivel mundial. Las consecuencias del «libre comercio» pueden ser temibles para muchos.

Expectativas cambiantes de los clientes

Durante los últimos diez años, la influencia de las expectativas cambiantes de los clientes ha sido enormemente importante en numerosos sectores. Dada la preocupación por la calidad y la constante demanda de una mejor relación calidad-precio, el cliente ha influido mucho en la estrategia de las distintas empresas. La personalización masiva de los productos, el valor ligado a las marcas, el crecimiento de la compra por correo y la consolidación del sector de distribución al detalle resultan indicativos del surgimiento de un nuevo tipo de cliente exigente y agresivo.

La ineficacia resultante del proteccionismo en sectores como las telecomunicaciones, los servicios, la energía eléctrica, la agricultura, los seguros, etc., se está poniendo de manifiesto

Discontinuidades tecnológicas

Este aspecto ha sido ampliamente reconocido. Los importantes cambios tecnológicos no sólo tienen consecuencias para los sectores existentes sino que también hacen surgir otros nuevos. La evolución de la industria informática (PCs y *software*) está generando cambios en numerosos sectores: la electrónica de consumo, la educación y el ocio, así como el trabajo de oficina. Hoy resultan posibles nuevas modalidades de productos, como los teléfonos móviles digitales, las máquinas de fotos desechables, el aprendizaje y las conferencias a distancia, las impresoras personales, los aparatos de fax y el acceso a una amplia gama de bases de datos. Las discontinuidades tecnológicas junto con las cambiantes expectativas de los clientes generan nuevas ventajas para estos últimos, a precios que hubiera resultado imposible imaginar.

Surgimiento de los bloques de comercio

La evolución de los bloques regionales de comercio: Comunidad Europea, NAFTA y ASEAN ha supuesto cambios básicos en las pautas de comportamiento comercial. Aspectos tales como la localización de las inversiones, la creación de redes logísticas mundiales y los costes se ven influidos por las nuevas relaciones comerciales que están surgiendo.

Competencia global

La competencia global es un aspecto que ha atraído la atención de académicos y empresarios (Porter, 1986). Es un fenómeno de ámbito muy amplio que abarca desde los semiconductores a los servicios de limpieza. No existe ningún sector en el que no se hayan acusado las consecuencias de la competencia global. Como se pone de manifiesto en el caso de los servicios de limpieza, incluso en sectores de ámbito claramente local, la competencia global resulta posible. La propia distinción entre negocios «nacionales» y negocios «globales» es hoy cuestionable. La globalización ha modificado las fronteras de la competencia. En la actualidad, resulta más fácil aprovechar una nueva idea de negocio sin tener en cuenta las fronteras nacionales.

El breve esbozo de todos estos aspectos a los que acabamos de referirnos constituye una lista, evidentemente incompleta, de los factores que influyen en el proceso estratégico y, en última instancia, determinan cuál es la estrategia eficaz. El análisis de las consecuencias de cualquiera de estos factores proporcionaría amplias posibilidades de investigación. Durante esta década, para delicia de los investigadores (y pesadilla de los empresarios) casi todos los sectores se han visto afectados por todos o por algunos de ellos. El efecto acumulativo de estos cambios es tan importante que la mejor manera de describirlo sería hablar de una «revolución industrial silenciosa». Todos ellos han conducido a un cambio fundamental de la base sobre la cual se compite. Así por ejemplo, la conjunción de la omnipresente tecnología de la información y las cambiantes expectativas de los clientes que exigen una mejora continua de la relación calidad-precio (o mayor valor) está conduciendo a un proceso de desintermediación. Hoy en día pueden acceder al mercado con facilidad participantes nuevos, que, hace diez años, eran totalmente desconocidos. Dell computers, por

La desintermediación afecta a la cadena de valor del sector de que se trate y permite el acceso rápido de nuevos competidores no tradicionales y con espíritu creativo

ejemplo, puede dejar a un lado los canales de distribución existentes y llegar directamente al consumidor. Otro ejemplo es el de la reserva de billetes de avión, que el usuario no tiene ya por qué hacer a través de una agencia de viajes, o la compra por teléfono, desde el propio domicilio. Los cajeros automáticos han cambiado notablemente la forma de trabajar del sector bancario. Así, ejemplo tras ejemplo, vemos que los procesos de distribución y los costes se han modificado sustancialmente en una amplia gama de sectores. La desintermediación afecta a la cadena de valor del sector de que se trate, modifica las barreras de entrada, el motor de los beneficios y permite el acceso rápido de nuevos competidores no tradicionales y con espíritu creativo.

Otra de las consecuencias de la influencia de estos factores es la desintegración de determinados sectores, la división de estructuras integradas verticalmente. A este proceso se le ha dedicado cierta atención. La corporación virtual (Davidow y Malone 1992) es el reconocimiento de que las relaciones a largo plazo y una amplia gama de acuerdos entre empresas diferentes pueden constituir una alternativa a las ventajas de la integración vertical. La elección hoy ya no se plantea en términos de hacerlo internamente o adquirirlo en el exterior, sino que existe una amplia gama de situaciones intermedias. En consecuencia, los costes de transacción de distintos sectores están sufriendo serios cambios. Ahora bien, al mismo tiempo que determinados sectores se desintegran y evolucionan hacia estructuras diferentes, se está produciendo también la convergencia o fusión de otros. Así por ejemplo, cabe referirse a la convergencia de la química y la imagen electrónica (por ejemplo, foto CD); los ordenadores, las comunicaciones y la electrónica de consumo; la banca tradicional y otros servicios financieros; el ocio y la educación, etc. Esta convergencia de tecnologías y sectores supone la ruptura de fronteras anteriormente muy clara-

Las cambiantes expectativas de los clientes que exigen una mejora continua de la relación calidad-precio está conduciendo a un proceso de desintermediación

mente delimitadas. Por otro lado, mientras las fronteras tradicionales entre sectores se desmoronan (por ejemplo, entre la fotografía y la imagen electrónica), todavía no resultan claras las «fronteras» de los sectores nuevos que están surgiendo. Estos cambios en el paisaje industrial plantean toda una serie de nuevas cuestiones. Los principales aspectos de interés en este sentido son los siguientes:

La transformación industrial es objeto de interés. El ritmo y el proceso de transformación industrial resultan muy importantes para los directivos de empresa, puesto que su análisis les permite adaptar sus capacidades, recursos, productos, servicios, canales de distribución y demás elementos estratégicos, para anticiparse a los cambios y aprovechar la evolución de la estructura del sector de que se trate. A todo directivo le interesa saber cómo puede ayudar a la evolución de su sector, de modo que ésta resulte ventajosa para su empresa. Así pues, la gestión de la transformación sectorial constituye un objeto de interés. La visión anticipada y la capacidad para sintetizar el impacto colectivo del complejo conjunto de cambios económicos, políticos, regulatorios y sociales es algo que se valora cada vez más. El imaginar y anticiparse al futuro (es decir, proporcionar directrices estratégicas) y trazar el camino de la transición hacia el mismo (es decir, reasignar los recursos, gestionar el *mix* de capacidades y la ejecución) son requisitos indispensables en un entorno que atraviesa por una etapa de profundos cambios. La estructura de cada sector debe entenderse, cada vez más, como una variable que las empresas deben gestionar en lugar de aceptarla como algo que les viene dado.

El cambiar la lógica predominante en la empresa es objeto de interés. Todos los directivos de empresas de éxito y sectores estables desarrollan, con el tiempo, una lógica predominante (Prahalad y Bettis, 1986). Las transformaciones rápidas que hacen evolucionar hacia rumbos nuevos y desconocidos exigen a esos directivos que aprendan a modificar esa lógica predominante y las recetas a las que estaban acostumbrados. Lo que antes constituía la base de la política que permitía a la empresa alcanzar el éxito, hoy puede convertirse en ortodoxia que asfixia la capacidad de dicha empresa para entender la naturaleza de los cambios que se están produciendo, anticiparse y adaptarse a los mismos. El revisar los marcos de ideas existentes en las grandes empresas constituye un aspecto fundamental para los estrategas.

La estructura de cada sector debe entenderse, cada vez más, como una variable que las empresas deben gestionar en lugar de aceptarla como algo que les viene dado

El reconsiderar la unidad de análisis para la competitividad es objeto de interés. ¿Cuál debería ser la unidad de análisis para evaluar la competitividad: un producto, una línea de productos, una unidad de negocio, un conjunto de unidades de negocio dentro de la empresa diversificada o un conjunto de empresas que incluya a proveedores, colaboradores y gobiernos locales? Quizá ¿todos estos elementos a la vez? Cada vez más, la unidad de análisis más apropiada para entender el funcionamiento de la competencia y desarrollar las respuestas adecuadas dependerá del sector y empresa de que se trate.

Podríamos continuar con esta lista de cuestiones, y seguro que a nuestros lectores se les ocurren otras, sobre la base de su experiencia sobre las consecuencias globales de los factores determinantes del éxito competitivo. Los directivos empresariales tienen hoy sensación de urgencia, puesto que las viejas recetas ya no funcionan; y a los teóricos del mundo académico se les presenta una oportunidad. En este contexto analizaremos los supuestos implícitos en los que se basaban los conceptos estratégicos del período 1965-85, para evaluar su validez.

Algunos de los supuestos fundamentales del análisis estratégico tradicional pueden resumirse del siguiente modo:

Estrategia es posicionar a la empresa dentro de la estructura determinada del sector al que pertenece la misma. (Porter, 1980, 1985). Esta visión de la estrategia predomina en el mundo académico, en el de las empresas de consultoría y, en menor medida, en el mundo de la empresa. Es una visión aplicable a estructuras sectoriales estables e identificables. Ahora bien, la realidad del mundo empresarial de los 90 es que las estructuras sectoriales están muy lejos de ser estables; se encuentran, por el contrario, en una etapa de gran transformación.

Las herramientas y análisis estratégicos se centran en sectores existentes. La preocupación por el análisis estructural nos obliga a centrarnos en sectores existentes y estables. A veces, nos hemos centrado en sectores en decadencia (Harrigan, 1980), pero el mundo académico se ha preocupado muy poco de los sectores en cambio y mucho menos de aquellos que empiezan a surgir. ¿Cómo se identifican los factores determinantes de los cambios en cada sector? ¿Cómo se desarrolla la capacidad para prever dichos cambios? ¿Cómo pueden aprovecharse las oportunidades (el sector multimedia, por ejemplo, o los negocios basados en la biotecnología) que van surgiendo y asignarse los recursos en función de las mismas? ¿Será el futuro simplemente algo diferente o algo imposible de entender? ¿Es posible que las empresas compitan por la creación de un sector nuevo? ¿Pueden establecer estándares que influyan en el rumbo por el que se encamina un sector nuevo? (Hariharan, 1991) ¿Puede producirse competencia, de modo implícito, antes de que los productos y servicios concretos estén disponibles en el mercado? A pesar de la importancia de todas estas cuestiones, la mayoría de ellas no han atraído mucha atención por parte de los representantes más destacados del mundo académico.

El análisis estratégico se centra fundamentalmente en la unidad de negocio. El análisis sectorial nos obliga, una vez más, a centrar el análisis estratégico en unidades de negocio individuales. La estrategia corporativa, tal y como fue difundida por empresas de consultoría como McKinsey, BCG y otras, se veía como estrategia de cartera de negocios (Hofer y Schendel, 1978). Recientemente, los teóricos han empezado a ver la empresa como algo más que una serie de unidades de negocio; puede ser, por ejemplo, un conjunto de recursos y capacidades (Wernerfelt, 1984; Dierickx y Cool, 1989; Teece, Pisano y Shuen, 1990; Barney, 1989; Prahalad y Hamel, 1990). Incluso este cambio de énfasis no parece indicar la existencia de un nuevo enfoque para entender la competencia entre empresas. Así, por ejemplo, ¿compite Sony con Philips? Y Canon ¿compite con Kodak o con Hewlett-Packard? ¿Va más allá de determinadas unidades de negocio el ámbito de esta competencia?

La competencia, y por lo tanto la estrategia, deben entenderse no sólo a nivel de la unidad de negocio, sino al de las corporaciones y alianzas de grupos de empresas

En numerosos sectores, la competencia se extiende más allá de la competencia entre empresas. A veces se produce entre conjuntos de empresas. En el sector del vídeo, la coalición VHS liderada por JVC y Matsushita competía con la alianza (betamax) liderada por Sony. La coalición al frente de la cual se encuentra Intel se enfrenta a la liderada por Motorola en la fabricación de microprocesadores para PCs. La competencia, y por lo tanto la estrategia, deben entenderse no sólo a nivel de la unidad de negocio, sino al de las corporaciones y alianzas de grupos de empresas.

Los resultados estratégicos pueden explicarse sobre la base del análisis económico. El análisis económico es un elemento básico del análisis estratégico. Ahora bien, el análisis político y de las políticas gubernamentales resulta tan importante como el económico. La investigación en el ámbito internacional ha dado como resultado la publicación de abundante material sobre el impacto de las políticas gubernamentales, sobre todo, el papel de la política del país que recibe inversión extranjera. Sin embargo, la principal corriente de investigación sobre estrategia no ha aceptado la compleja interacción entre política pública y empresa privada en tanto que factor determinante de los resultados estratégicos; o lo que es lo mismo, que el análisis económico es tan importante como el político desde el punto de vista estratégico.

La estrategia es el resultado de un proceso analítico y la ejecución de la misma es un proceso organizativo. Esto constituye una visión simplificada del tema. Los debates sobre contenido y proceso han sido una constante de la investigación estratégica. A pesar de que la evidencia prueba lo contrario (Bower, 1975; Burgelman, 1983) se concede escasa importancia al impacto del proceso de ejecución y la asignación de recursos en los resultados estratégicos. Así, suelen subestimarse aspectos como la participación de los empleados, la necesidad de transmitir energía a la organización y la de fomentar la creatividad y la innovación como motores de la vitalidad competitiva. La calidad de la gestión se asocia cada vez más con las fuentes de ventaja competitiva (Doz y Prahalad, 1988). Ahora bien, no se ha dado todavía una explicación convincente para el hecho de que empresas con recursos similares obtengan resultados diferentes. A pesar de todo esto, los estudiosos del mundo académico han concedido escasa importancia a lo relacionado con el proceso y los recursos humanos, en su preocupación por entender los aspectos económicos de la estrategia; y lo contrario, que también se ha dado. Casi nunca ha existido un equilibrio entre ambos aspectos y ninguno de los dos debe ser ignorado por los estrategas.

Las ideas que subyacen en lo publicado hasta ahora sobre estrategia son varias. Nuestro objetivo aquí no es pasar revista de modo exhaustivo a estas ideas, sino identificar unos cuantos ejemplos de a qué nos referimos al hablar de «ideas subyacentes». Así podremos ratificar que la rápida transformación industrial a la que nos referíamos anteriormente debe obligarnos a reconsiderar en profundidad los conceptos y herramientas manejados hasta ahora.

Varios enfoques

En una conferencia celebrada en Michigan, a la que fueron invitados académicos de diversas disciplinas no tradicionales, fueron surgiendo varios aspectos importantes que se consideraron como merecedores de atención por parte del mundo académico; aspectos que resumimos a continuación:

Surgimiento de empresas micro-multinacionales

El estudio de las empresas multinacionales ha asumido siempre que éstas, por definición, tienen que ser empresas

Creemos que el estudio de fenómenos complejos mediante la utilización de herramientas como la teoría del caos se irá extendiendo cada vez más

de gran tamaño (de más de 500 millones de dólares de facturación). Pero la nueva realidad que constatamos es que empresas pequeñas (de menos de 10 millones de dólares de facturación), altamente especializadas, abarcan un ámbito global. Los sectores en los que suelen encontrarse este tipo de compañías son el del *software,* la biotecnología y los servicios profesionales. Cabe preguntarse, pues, ¿cómo desarrollan estas empresas esa infraestructura global? ¿Qué costes supone este alcance geográfico? ¿Qué ventajas? ¿El tamaño y la diferenciación constituyen condiciones indispensables para la multinacionalidad?

Protección de la propiedad intelectual

El *software* utilizado, los procedimientos analíticos habituales, el control de procesos y el conocimiento de clientes y proveedores –es decir, la propiedad intelectual acumulada de la empresa de que se trate– se están convirtiendo, en muchos sectores, en activos de más valor que los activos físicos. Ahora bien, los procesos de valoración, protección y comercialización de este tipo de activos exigen nuevas disciplinas internas de la empresa, así como el desarrollo de nuevos enfoques legales y contables ¿Cómo proteger aquella propiedad que «sube y baja en ascensores y vuelve a casa conduciendo por la noche»? Las cuestiones relacionadas con la propiedad intelectual se sitúan en la intersección entre lo legal, la gestión de recursos humanos, la tecnología y la estrategia; intersección que se ha investigado muy poco.

Competencia con anterioridad a la salida al mercado

La mayoría de los trabajos de investigación sobre la dinámica de la competencia asumen que los mercados existen para productos y servicios, y que la batalla se libra siempre por la rentabilidad y la cuota de mercado. Sin embargo, en numerosos sectores nuevos que están surgiendo, la competencia puede comenzar años antes de que los productos y servicios salgan al mercado. La competencia por el desarrollo de capacidades, de estándares, por el liderazgo tecnológico en tecnologías clave, etc. puede suponer un duro golpe a la competencia «tradicional basada en el mercado» (mercado-producto). La batalla por los estándares de HDTV en todo el mundo, con la existencia de los sistemas europeo, japonés y norteamericano, constituye un claro ejemplo de competencia previa a la salida al mercado.

Competencia intraempresa y entre grupos de empresas

Creemos que la competencia va más allá de la competencia entre negocios. Las empresas compiten por el liderazgo intelectual (por ejemplo, la competencia por el liderazgo en el sector multimedia está afectando a diversas unidades de negocio de empresas diversificadas como AT&T, Philips, Microsoft, EDS y HP), con el resultado de que distintas unidades de negocio de la misma empresa compiten entre sí por el acceso y el control de capacidades y estándares. Al mismo tiempo, muchas de esas empresas colaboran unas con otras en diferentes tipos de consorcios y alianzas. Así pues, cabe preguntarse cuál es la lógica de la competencia, qué costes tiene y qué disciplinas son necesarias para gestionar estas relaciones tan complejas.

Desarrollo de capacidades

Los rápidos cambios en el mundo industrial hacen que sea necesario el que los directivos no sólo reconozcan y gestionen las capacidades existentes en la empresa, sino que además desarrollen con rapidez otras nuevas. A veces, hay que desechar determinadas capacidades para poder adaptarse a la nueva realidad. Así por ejemplo, cabe preguntarse cómo una empresa del sector defensa desarrolla las capacidades para crear y gestionar un negocio de bienes de consumo; o cómo las compañías de servicios de telecomunicación nacionales, anteriormente protegidas por la legislación, se transforman en empresas competitivas de ámbito global, como les está ocurriendo hoy en día a empresas como RBOCs, British Telecom y AT&T.

Por otro lado, creemos también necesario reconsiderar la óptica desde la cual se analizan las nuevas cuestiones estratégicas, para que sea más creativa. A continuación presentamos a nuestros lectores varios enfoques, sin intentar justificarlos, puesto que creemos que son bastante evidentes.

Así, se está estudiando el papel de la teoría del juego en el desarrollo de la disciplina estratégica (Rumelt y otros, 1994). Pero serán necesarios otros muchos puntos de vista teóricos para analizar la amplia gama de aspectos relacionados con la estrategia. Así por ejemplo, creemos que el estudio de fenómenos complejos mediante la utilización de herramientas como la teoría del caos se irá extendiendo cada vez más. Las teorías relacionadas con la guerra y la diplomacia proporcionan igualmente modelos adecuados para reflexionar sobre aspectos como la competencia y la colaboración (Kissinger, 1994). El concepto de equilibrio de poder, el entendimiento implícito de la estabilidad del comercio internacional, la transmisión de determinados mensajes, el planteamiento de amenazas que resulten creíbles o la constitución de alianzas preventivas constituyen todos ellos temas importantes, no sólo para los estadistas sino también para los directivos de empresas globales de gran tamaño. Por otro lado, el proceso de conocimiento e inferencia puede resultar un punto de vista atractivo para analizar distintos aspectos estratégicos, tales como la capacidad de los directivos para transformar organizaciones de gran tamaño. Resultan evidentes también las limitaciones del actual marco legal para todo lo relacionado con la protección de la propiedad intelectual. Sin embargo, el razonamiento y las cuestiones de tipo legal resultarán cada vez más importantes. Además, este tipo de cuestiones dominarán el proceso de liberalización y todo lo relacionado con la protección del medio ambiente.

El reconocer que el campo de la estrategia exige nuevos paradigmas constituye un primer paso crítico. Ahora bien, la búsqueda de un paradigma que encaje con las nuevas necesidades que van surgiendo –y ya no digamos uno que pueda llegar a ser el paradigma predominante– es tarea pesada. Parece que durante los últimos diez años el paradigma I/O se ha consolidado como el predominante en las publicaciones sobre esta disciplina, oscureciendo otros enfoques. Hay una explicación para su éxito: es moderado, se basa en una metodología bien desarrollada y comprendida, y además tiene raíces teóricas claramente identificables. Ahora bien, el nuevo panorama competitivo que está surgiendo trasciende el ámbito del punto de vista teórico de este paradigma. El reconocimiento implícito de que, en el mejor de los casos, éste proporciona únicamente respuestas parciales es el factor que nos obliga a buscar paradigmas nuevos. ¿Deberían los investigadores del campo estratégico defender el punto de vista economicista del paradigma I/O, la teoría del juego, el enfoque sociológico o el conductivista? La cuestión de cuál es el punto de vista más adecuado que conviene adoptar para la investigación estratégica nos parece algo prematura. Antes de que los estudiosos del tema determinemos efectivamente desde qué óptica debemos abordarlo, tendríamos que llegar a un entendimiento más profundo del terreno sobre el que pisamos.

El campo estratégico plantea numerosos aspectos que pueden estudiarse desde múltiples puntos de vista. No es necesario limitar el número de enfoques en este momento.

Un acercamiento al control estratégico de las MNC

C.K. PRAHALAD* E YVES L. DOZ**

Resumen

Este artículo es el primero de una serie de dos que considera los problemas de mantener el control estratégico sobre las filiales en una multinacional. En el primer artículo los autores argumentan que la naturaleza del control estratégico ejercido por la sede principal sobre sus filiales, cambia con el tiempo. Como las filiales acaban adquiriendo recursos tales como el capital, tecnología y gestión vienen, las sedes principales no pueden continuar confian-

---

* C.K. Prahalad es profesor de Política y Control en la Universidad de Michigan, Graduate School of Business Administration. El Dr. Prahalad ostenta la licenciatura de Ciencias de la Universidad de Madras, postgrado del Indian Institute of Management, Ahmedabad y el D.B.A de la Harvard Business School. Su docencia, investigación e intereses de consulta radica en las áreas de gestión estratégica y control en las grandes y complejas organizaciones. El Dr. Prahalad ha escrito artículos para publicaciones como *Sloan Management Review, Harvard Business Review* y *Economic and Political Weekly.* Es coautor de *Financial Management of Health Institutions)* y *The Management of Health Care.*

** Yves L.Doz es profesor asociado de Política Empresarial en INSEAD. El Dr. Doz se graduó en la Ecole des Hautes Etudes Commerciales, y se doctoró por la Harvard Graduate School of Business Administration. Es el autor de *Government Control and Multinational Strategic Management* y *Multinational Strategic Management: Economic and Political imperatives.*

do en el control de estos recursos como medio para influir en la estrategia de las filiales. Los autores destacan el marco conceptual que define el *contexto organizativo*, y argumentan que se puede utilizar como medio alternativo para emplear influencia. En la segunda parte de esta serie, los autores muestran cómo desarrollar y utilizar el contexto organizativo como medio para ejercer el control. Ed.

Hasta dónde puede controlar la sede principal de una empresa multinacional las estrategias de sus filiales en el extranjero está resultando ser un tema de interés considerable para ciertos públicos[1]. A la alta dirección de las multinacionales, que tiene una parte importante de sus activos, ventas y beneficios (con frecuencia más del 50 por ciento) atribuibles a las operaciones extranjeras, le gustaría asegurarse de que la dirección estratégica de las filiales está controlada por la sede principal. No obstante, dado que las operaciones están aumentando en tamaño y alcance ¿Cómo puede la sede principal controlar con eficacia? Los políticos, especialmente aquellos de los países en desarrollo, están preocupados por el grado de control que la sede principal de la empresa multinacional ejerce sobre las filiales que operan en su suelo. Su principal preocupación es determinar hasta dónde pueden ser responsables las filiales de los objetivos de desarrollo de los gobiernos receptores.

En esta situación, para el investigador, surge el antiguo tema de la centralización versus descentralización en un entorno extremadamente complejo; complejidades traídas por múltiples entornos culturales, diferencias en estructura competitiva, presiones del gobierno receptor y la presencia de socios *joint venture.* La pregunta clave de investigación es ¿en las multinacionales, cuáles son las dinámicas de control estratégico de las filiales por parte de las sedes principales?

La naturaleza cambiante del control estratégico a examen

En este artículo y en el artículo complementario (que se publica a continuación) presentaremos los resultados de la investigación que hemos realizado a lo largo de los últimos cinco años, sobre la naturaleza cambiante del proceso de control entre las sedes principales y las filiales. (Ver el apéndice para la descripción del diseño de investigación, en la página 86). Nuestra tesis sostiene que las filiales maduran y se vuelven autónomas con respecto a los recursos estratégicos, tales como son la tecnología, el capital, la gestión y el acceso a los mercados; la capacidad de la sede principal para controlar las estrategias de las filiales se ve reducida significativamente.

La sede principal que, en base a la dependencia de las filiales en recursos estratégicos, se vea incapaz de ejercer control sobre sus filiales, debe encontrar mecanismos sustitutivos. Crear un *contexto organizativo* sofisticado (un tipo de estructura organizativa, sistemas de información, sistemas de medida y recompensa, planificación profesional y el fomento de la cultura organizativa común) puede compensar el desgaste de la capacidad de la sede principal para controlar las filiales. Explicaremos por qué las sedes principales de las empresas multinacionales deben ser conscientes en todo momento de la cambiante importancia de la dependencia de recursos y del contexto organizativo a la hora de proporcionar una capacidad de control total. En el artículo complementario, examinaremos cómo desarrollar el contexto organizativo y cómo combinar las dos fuentes de influencia de la sede principal sobre las filiales.

El concepto de control estratégico

Definimos control estratégico como el alcance de la influencia que la sede principal tiene sobre una filial en relación a las decisiones que afectan a la estrategia de la filial. Algunas decisiones típicas que reflejan la estrategia de una filial son: elección de tecnología, definición de mercado de producto, énfasis en las diferentes líneas de producto, distribución de recursos, expansión y diversificación de operaciones de la filial y el deseo de participar en una red global de flujos de producto entre las filiales. Éstas fueron las decisiones que consideramos en el estudio. Además, la sede principal no está sólo interesada en influenciar las decisiones estratégicas de las filiales sino también en monitorizar su progreso hacia el cumplimiento de las expectativas estratégicas.

El entorno sede principal-filial

A lo largo de los últimos 70 años, el deseo de la sede principal de ejecer un control estratégico sobre las filiales ha descansado sobre dos líneas de desarrollo. Paulatinamente, las grandes empresas han obtenido de sus filiales en el extranjero una cuota de ventas y beneficios cada vez mayor y han enviado al extranjero una parte creciente de su activo. Además del aumento de la importancia de las actividades en el extranjero, muchas multinacionales se han dado cuenta de que en muchas de sus empresas, los mercados de las filiales disfrutan de un mayor crecimiento potencial que en el mercado de Estados Unidos.

El impacto de la competencia global. El cambio de patrones de la competencia durante la última década se ha visto también influenciado de forma crítica por el deseo de los grupos de las sedes principales de controlar las estrategias de las filiales. Muchas industrias como la del automóvil, los rodamientos, las motocicletas, los consumibles electrónicos, las industrias químicas, la del acero, los neumáticos, los sistemas eléctricos pesados, el equipamiento de movimiento de tierra, por nombrar algunas; están siendo paulatinamente dominadas por un número reducido de competidores a nivel mundial[2]. Esto implica que una multinacional debe desarrollar una estrategia global para tener éxito. Debe traspasar las fronteras de los mercados nacionales a la hora de determinar los patrones de proveedores, estrategias de precio, diseños de producto, nivel de tecnología y financiación. Por lo tanto, las sedes principales se introducen poco a poco en las actividades de las filiales a través de la naturaleza cambiante de la competitividad. La sede principal no sólo debe *coordinar* las operaciones de las filiales sino también *influir en* la dirección de las estrategias de las filiales para conformar las necesidades de una estrategia global. Las presiones resultantes de la creciente importancia de las actividades en el extranjero y el carácter cambiante de la competitividad global (es decir, *los imperativos económicos* que presionan a las multinacionales para racionalizar las operaciones globales) tiende a provocar los deseos por parte de los directivos de la sede principal para centralizar el control.

Impacto de las demandas del gobierno receptor. Mientras que los imperativos económicos aumentan la tendencia centralizadora, las demandas del gobierno receptor (tanto en países en desarrollo como en países desarrollados) penalizan la centralización. Los negocios en los que está implicada una multinacional atraen la atención del gobierno así como su intervención por diversas razones:

- Son importantes para la defensa nacional (por ejemplo, motores de reactores).
- Representan una infraestructura importante (por ejemplo, ferrocarriles, telecomunicaciones).
- Son industrias nacionales clave que están amenazadas (por ejemplo, la industria relojera en Suiza y la industria automovilística en Estados Unidos).
- Están en industrias en las que es difícil acceder a tecnologías clave (por ejemplo, semiconductores, ordenadores).

En algunos casos, los efectos en la balanza de pagos y el empleo son preocupaciones clave de los gobiernos receptores. En algunos países en desarrollo, todas las multinacionales, independientemente de la naturaleza del negocio en el que están involucradas, atraen la atención (por ejemplo, India, México, Brasil). Sean cuales sean los motivos para la intervención del gobierno en la estrategia de la filial, el impacto de esta *política imperativa* anima a la filial a buscar una mayor autonomía[3].

***Joint ventures:* Una complejidad añadida.** Además de la política imperativa, muchas multinacionales han tenido que luchar con socios *joint venture*. A finales de los años 60 y principios de los 70, a las multinacionales que deseaban mayor coordinación les fue difícil continuar tolerando las *joint venture*[4]. No obstante, las *joint ventures* se pueden convertir en la única forma de competir globalmente en muchas industrias, como son los equipos de telecomunicaciones, los consumibles electrónicos y los equipos de procesos de datos. Los socios de la *joint venture* complican la tarea de la coordinación entre la sede principal y la filial.

Las dinámicas del control de la sede principal sobre la estrategia de la filial no sólo están influenciadas por las demandas conflictivas de los imperativos políticos y económicos del funcionamiento de una multinacional, sino también por la naturaleza cambiante de la relación sede principal-filial. Por ejemplo:

1. Al tiempo que las filiales maduran y crecen en tamaño pueden conseguir un nivel adecuado de gestión interna inteligente e inversión en I&D.
2. Al tiempo que la industria madura, desaparece la ventaja tecnológica que la sede principal tenía sobre la filial.
3. Se está expandiendo la gestión del *know-how* como un recurso distintivo. Es más, las habilidades de gestión necesarias por parte de las filiales que operan en entornos diferentes a los de la matriz; como un entorno altamente regulado (por ejemplo, India, Nigeria) o un entorno altamente inflacionista (por ejemplo, Brasil) o un entorno con una tecnología baja (por ejemplo, Indonesia); pueden no estar disponibles en la sede principal.
4. Las filiales con gran volumen, tecnología adecuada y capacidad de gestión pueden desarrollar sus propias actividades en el extranjero. Normalmente, esto implica comercializar productos más alla de la frontera nacional de la filial. Los grupos de personal de la sede principal de la multinacional pueden intentar coordinar las exportaciones desde las filiales a terceros países, pero son muy comunes los casos en los que las filiales ignoran o ni tan siquiera responden a estos intentos de coordinación. En algunos casos, las filiales incluso invierten en instalaciones de fabricación en terceros países sin someterse a la coordinación de los grupos de la sede principal[5].

5. Bajo presión de los gobiernos receptores, que tal vez puedan querer utilizar las filiales de las multinacionales para cumplir objetivos de desarrollo nacional, las filiales se pueden diversificar en empresas que son poco familiares para la sede principal (por ejemplo, el paso de la Union Carbide a la pesca de langostinos en India).

Como resultado de estas tendencias, la sede principal debe depender de mecanismos que no sean los de control sobre los recursos estratégicos (capital, tecnología, gestión o acceso a los mercados) como base para un control estratégico. El dilema esencial del control estratégico en una multinacional se puede resumir de la siguiente manera:

1. La sede principal no puede confiar exclusivamente en el uso de recursos estratégicos como base de control, especialmente en situaciones donde las filiales son más o menos suficientes en dichos recursos. Esto fuerza a la multinacional a reexaminar el proceso de control donde la relación entre la sede principal y las filiales no se basa en una dependencia unilateral. Así, con el fin de que la sede principal desarrolle una estrategia global, tiene que obtener la cooperación de las filiales que puedan ser autónomas en sus necesidades de recursos estratégicos. Esto crea la necesidad de formular el proceso de control estratégico en el contexto de una dependencia recíproca entre la sede principal y las filiales.
2. El proceso de control estratégico conlleva tensiones inherentes impuestas por los imperativos políticos y económicos de un negocio global. Esto significa que la responsabilidad y flexibilidad en estrategia debe coexistir con los deseos de una racionalización global.
3. Dado que la estrategia debe ser sensible a las demandas del entorno, puede llevar a compromisos de recursos descoordinados y fragmentados. No obstante, con el fin de

obtener ventaja competitiva global, la multinacional debe ser capaz de centrar sus compromisos de recursos.

4. El proceso estratégico no debe ser sólo sensible a las presiones de la competencia o a las demandas que el gobierno receptor realice incitando a reaccionar. Debe soportar los cambios intencionales y proactivos que se den en la estrategia.

5. Bajo la presión competitiva o una crisis de beneficios (una situación reactiva) se pueden imponer los cambios de estrategia. No obstante, para implementar los cambios estratégicos proactivos, la sede principal y las filiales deben percibir la legitimidad de dichos cambios.

Estos cinco cambios, bajo nuestro punto de vista, representan los temas clave en el proceso de control estratégico para las multinacionales.

Figura 1 **Representación esquemática de los cambios en los mecanismos de control en la relación sede principal-filial**

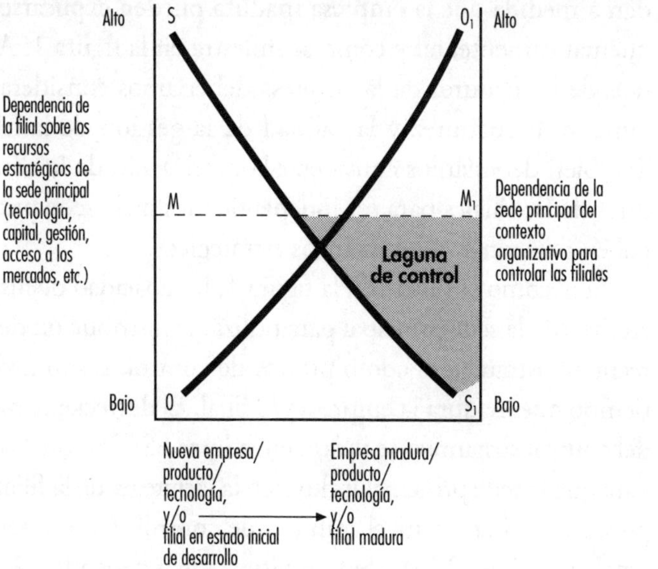

Un acercamiento al control estratégico

La dependencia que una filial tiene de la sede principal en relación a los recursos estratégicos permite a la sede principal controlar la estrategia de la filial al controlar el flujo de recursos. No obstante, los cinco dilemas que hemos resaltado anteriormente indican que los directivos de las multinacionales deberían identificar otros enfoques además del uso de la «dependencia» de la filial como base para el control estratégico.

En nuestra investigación, hallamos que las multinacionales que cuentan con empresas maduras se ven obligadas a depender cada vez más de «sutiles mecanismos» para influir en la dirección estratégica de sus filiales. Sugerimos que la alternativa al *control sustantivo*, es decir, la restricción del flujo de recursos estratégicos, sea la creación de un contexto organizativo. Esto facilitaría la relación entre la sede principal y las filiales de tal modo que la sede principal puede continuar influyendo y monitorizando la estrategia de la filial.

Las dinámicas del proceso de control estratégico que se dan a medida que la empresa madura pueden explicarse esquemáticamente, tal y como se muestra en la figura 1. Además de la madurez de la empresa deberíamos considerar el tamaño, la madurez y la calidad de la gestión de la filial. También deberíamos considerar la motivación de los directores de las filiales para ser independientes de la sede principal en relación con los recursos estratégicos.

Tal y como se ilustra en la figura 1, la capacidad de los directivos de la sede principal para utilizar la distribución de los recursos estratégicos como puntos de control, disminuye al tiempo que madura la empresa y/o filial. El decreciente papel del control sustantivo se ilustra en la línea SS_1. Por otro lado, para que la sede principal influya en la estrategia de la filial, se puede necesitar un nivel mínimo de control. Esto se representa en la línea MM_1. Si la multinacional depende sólo de los mecanismos de control sustantivos para influir en la estrategia de la filial, entonces, a medida que las empresas y/o filiales maduren, se desarrollará una *laguna de control.* La sede principal no podrá influir en la estrategia de la filial.

Reconocer la pérdida de control. Con mucha frecuencia, los directivos de la sede principal, que dependen solamente de los mecanismos de control sustantivo, no reconocen el desgaste de su capacidad de control sobre las filiales. Normalmente, reconocen su incapacidad para controlar las estrategias de las filiales sólo cuando la presión competitiva reclama una acción coordinada y suele ser entonces cuando los directivos de la sede principal se dan cuenta de que no pueden orquestar tal acción.

El contexto organizativo puede utilizarse como un sustituto eficaz del control sustantivo. A pesar de que la necesidad de (y el deseo de crear) un sustituto para el control sustantivo es mucho mayor cuando la capacidad de control se encuentra en S_1, no hay justificación para esperar a una crisis. Es más, al tiempo que disminuye la capacidad de utilizar el control sustantivo, aumenta la necesidad de los directivos de la sede principal de una alternativa, el contexto organizativo, que les permita influir en la estrategia de las filiales, tal y como se muestra en la línea OO_1. Lo ideal sería que una *combinación* de mecanismos de control sustantivo y contexto organizativo, proporcionaran una base adecuada para que los directivos de la sede principal se mantuvieran por encima de la línea MM_1, y para evitar problemas causados por la laguna de control.

Crear un contexto organizativo apropiado

La tarea de crear un contexto organizativo adecuado para el control estratégico se construye sobre dos conjuntos de conceptos. Primero desarrollamos el concepto de que una organización es un conglomerado de cuatro orientaciones, cognitiva, estratégica, de poder y administrativa. En segundo lugar, identificamos el tipo de mecanismos organizativos que los directivos pueden utilizar para manipular estas cuatro orientaciones. Demostraremos que la habilidad para manipular las cuatro orientaciones proporciona a los directivos la alternativa al control sustantivo.

Las cuatro orientaciones

Las nociones jerárquicas han dominado siempre nuestro pensamiento acerca de las organizaciones. Como las actividades en el extranjero de una empresa evolucionan, la forma organizativa también evoluciona[6]. Normalmente, la empresa comienza con un sistema de filial autónoma que es seguido por una estructura de división internacional. Al tiempo que aumenta el campo de sus actividades en el extranjero, la empresa adopta una estructura global integrada por el área, producto o matriz.

Éstas son las tres formas ideales de catalogar las estructuras organizativas utilizadas por las multinacionales. En la mayoría de las empresas, las tensiones estratégicas creadas por el equilibrio de los imperativos económico y político fuerzan a los directivos de la multinacional a trabajar con una variedad de estructuras híbridas[7]. Algunas empresas están organizadas por producto, otras por área y otras por estructuras matrices. En una «forma organizativa pura», organizada por área o por producto, predomina la jerarquía. La jerarquía determina:

1. La naturaleza de la información que recogen los directivos y el uso de su «visión del mundo» (en estructura de área, información que es importante para la cartera nacional

de diversas empresas; mientras que en una estructura de producto, la información que es importante para la cartera de negocios consta de diferentes países).

2. La forma en la que los directivos deciden competir, en bases local a local (organización de área) o por racionalización global (organización de producto).

3. Las personas que ostentan el poder para comprometer recursos estratégicos (directores de área o directores de producto).

4. La base para procedimientos administrativos, tales como progresión profesional (entre empresas en una organización de área o dentro de una empresa en las organizaciones de área).

En otras palabras, con estas formas puramente organizativas, si uno sabía «quién era el jefe» o si uno entendía la jerarquía, uno podía entender la organización, sus capacidades y sus limitaciones.

Estrategias complejas, estructuras complejas

Para que una organización de producto se sensibilizara ante las necesidades del área (o viceversa) sería necesario realizar cambios estructurales[8]. No obstante, pocas multinacionales tienen el privilegio de adoptar las posturas estratégicas simples que indican un modo de «área» o «producto» puros. Las posturas estratégicas complejas que equilibran los objetivos múltiples y a veces conflictivos, requieren estructuras complejas. Los conceptos jerárquicos aplicados a tal organización son de poca ayuda para que los directivos comprendan o manipulen la organización.

En un tipo de organización compleja que busque equilibrar las prioridades nacionales y globales con flexibilidad, de decisión a decisión, es necesario gestionar muchas orientaciones explícitamente. Consideramos que un tipo de organización es complejo por los medios que se utilizan para gestionar las cuatro orientaciones:

1. *Orientación cognitiva* o la percepción del «entorno relevante» por directivos individuales dentro de la organización. El entorno relevante de una empresa se construye con la comprensión de las claves de competencia, la estructura competitiva y los equipos que moldearán el patrón de evolución de esa empresa. Tenemos que reconocer que en una organización compleja los diferentes tipos de directivos (área, producto y funcional) y los directivos a diferentes niveles pueden tener percepciones muy diferentes del entorno relevante.
2. *Orientación estratégica* o postura competitiva y métodos de competencia que van a adoptar los diversos grupos de directivos. Si los diversos directivos tienen diferentes orientaciones cognitivas, entonces tendrán diferentes percepciones acerca de cuál es la orientación estratégica apropiada para sobrellevar las amenazas o para explotar las oportunidades inherentes de sus diferentes visiones del mundo.
3. *Orientación de poder* o el lugar de poder entre directivos de la organización para comprometer los recursos, financieros, tecnológicos y de gestión, con el fin de seguir una estrategia.
4. *Orientación administrativa* o la orientación de sistemas de apoyo como el sistema de contabilidad y el sistema de personal. Los datos de contabilidad, por ejemplo, se pueden consolidar a lo largo de las líneas de producto o a lo largo de las líneas de las filiales nacionales.

En una organización jerárquica pura, las cuatro orientaciones tienden a alinearse con la jerarquía. Por ejemplo, en una organización de producto pura, la orientación cognitiva de los directivos (la percepción de temores de competitividad y oportunidades) tiende a ser global; la orientación estratégica tiende a favorecer una estrategia global racionalizada; el poder de comprometer recursos es conferido a los directores de recursos; y los sistemas de apoyo, como el de contabilidad y el de personal (orientación administrativa) se construyen para apoyarlo. Sin embargo, en una organización compleja que pueda tener una estructura híbrida o de matriz, las cuatro orientaciones no necesitan estar alineadas.

Los directivos de la sede principal que operan en estructuras híbridas o de matriz deberían reconocer que para conseguir y retener el control estratégico deberían influir las cuatro orientaciones. Pero modificando adecuadamente las cuatro orientaciones, la dirección estratégica se puede alterar. En nuestra investigación, hallamos que el cambio estratégico se puede iniciar mediante la alteración de cualquiera de las cuatro orientaciones.

No obstante, con el fin de que se complete el proceso de cambio, debe modificarse la orientación de poder. Lo que se revela como un hallazgo clave es que los directivos de la sede principal deben ser sensibles a la distribución de poder y que deben gestionar los lugares de poder.

Los directivos de la sede principal con estructuras híbridas o de matriz pueden utilizar una variedad de mecanismos administrativos para influir en las cuatro orientaciones. Estos mecanismos se clasifican de la siguiente manera:

1. *Mecanismos de gestión de datos.* Incluidos en esta categoría están los mecanismos que generan y regulan el flujo de información dentro de la organización. Sistemas de contabilidad, sistemas de planificación y presupuestarios así como sistemas de información de gestión pertenecen a esta categoría.

2. *Mecanismos de gestión de dirección.* Incluidos en esta importante categoría están el poder para asignar directivos a puestos clave, planes de compensación ejecutiva, programas de desarrollo de gestión, evaluación de rendimiento y patrones de socialización.

3. *Mecanismos de resolución de conflicto.* Dado que el conflicto y la tensión son inherentes a las estructuras híbridas y de matriz, los mecanismos para resolver conflictos (como equipos de trabajo, comités de planificación, integradores, grupos de coordinación y asignación de responsabilidad de decisión) son algunos de los elementos importantes del conjunto de herramientas de un directivo.

Los directivos pueden utilizar una variedad de estos mecanismos para ejercer influencia de forma selectiva y para cambiar las cuatro orientaciones en una organización. En el artículo que acompaña explicaremos cómo se pueden utilizar estos mecanismos y cómo diagnosticar su impacto en las cuatro orientaciones.

Contexto sustantivo frente a contexto organizativo del control

Los directivos de la sede principal, con el fin de influir en la estrategia de la filial, deberían ser sensibles al uso de ambos controles sustantivos, así como al uso del contexto organizativo como enfoque para el control. Para retener el control sustantivo, los directivos de la sede principal deben asegurar que continúan teniendo superioridad estratégica de recursos sobre las filiales, sea por tecnología, producto, diseño, marketing, *know-how* o capital. Esto no significa que las filiales debean mantenerse débiles. (Las filiales muy fuertes pueden ser muy dependientes).

Por ejemplo, las principales filiales de IBM en el Reino Unido, Alemania, Francia y Japón son grandes y muy capaces teconológicamente hablando. Mientras que las filiales operan con una producción significativa y cuentan con instalaciones de I&D, IBM se asegura de que ninguna filial que no sea de Estados Unidos sea autosuficiente en todos los sistemas clave. Cada filial comercializa una línea total de sistemas pero sólo puede fabricar algunos. Como resultado, todas las filiales están entrelazadas en una red corporativa de producto, recursos y flujos de competencia que pueden ser orquestados por los directivos de la sede principal[9]. Por otro lado, la sofisticación que alcanzarían los directivos al utilizar las herramientas administrativas para alterar las cuatro orientaciones puede servir a un fin similar.

Figura 2 **El dilema del control estratégico en las multinacionales**

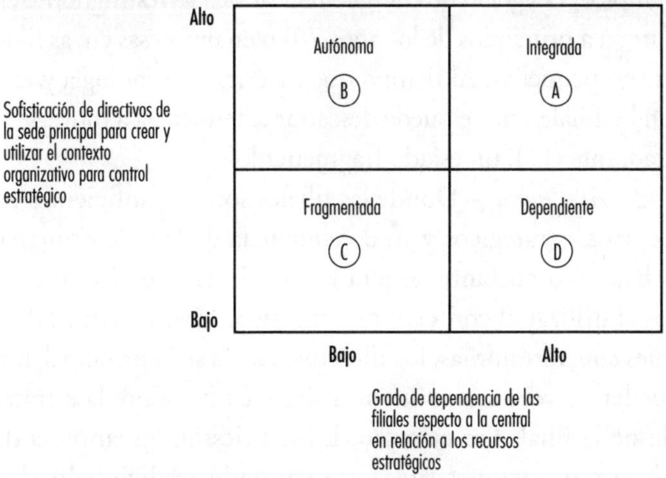

El dilema del control estratégico

Ahora se puede redefinir el dilema del control estratégico. Podemos clasificar las multinacionales y sus diversas empresas. Esto se muestra en la figura 2. Las cuatro categorías de multinacionales resultantes son:

1. *Fragmentada* – Donde son bajas las posibilidades de control sustantivo y también es baja la sofisticación de los directivos de la sede principal en el uso del contexto organizativo. En tal caso, coordinar las estrategias de las filiales o influir en las estrategias de las filiales es extremadamente difícil. En esa situación, las multinacionales tienden a cambiar el estatus de la filial concediéndole el estatus indicado en los cuadrantes (B) o (D), o suspenden los intentos de coordinación o desinvierten en todas las filiales.

2. *Dependiente* – Donde la sofisticación del contexto organizativo es baja, pero las filiales continúan dependiendo de los recursos estratégicos de la sede principal. Normalmente, esta situación se da en empresas altamente tecnológicas (por ejemplo, el negocio de energía nuclear de la Westinghouse en Europa a principios de los años 70) o en empresas cuyas filiales son pequeñas. Al tiempo que madura la tecnología y crecen las filiales, no se puede descartar la tendencia a moverse al cuadrante (C), un estado fragmentado.

3. *Autónoma* – Donde las filiales son autosuficientes en recursos estratégicos y su dependencia de la sede principal es baja. No obstante, es alta la sofisticación de los directivos al utilizar el contexto organizativo. Mientras que las filiales son autónomas, los directivos de la sede principal aún pueden ejercer una influencia significativa sobre la estrategia de la filial. Por ejemplo, L.M. Ericsson, la empresa de telecomunicaciones sueca, ha confiado tradicionalmente en un sistema de valor común de la empresa y en los patrones de socialización para influir en la estrategia de la filial[11]. Con frecuencia, las multinacionales situadas en esta categoría, intentan moverse hacia el cuadrante (A), el estado integrado.

4. *Integrado* – Donde la multinacional ha construido un alto grado de capacidad de control del contexto organizativo y sustantivo. IBM es un ejemplo[12].

Hemos hallado, en nuestra investigación, empresas que están intentando moverse de (C) a (D), (C) a (B) y (B) a (A), así como aquellas que han tenido la poca fortuna de moverse de (D) a (C) y (B) a (C). El reto más interesante para la alta dirección es moverse de (C) a (B) o (D) y después a (A).

Una crisis puede ofrecer a la alta dirección la oportunidad de intervenir e introducir sistemas que pueden ayudar al proceso de transición. No obstante, cuando no hay crisis aparente de beneficios, la tarea es considerablemente más difícil. En el artículo que acompaña, explicamos cómo varias multinacionales realizaron tantos cambios de un cuadrante a otro y cómo pudieron llevar a cabo la transición.

Conclusión

Hemos comentado en este artículo que no se puede dar por sentada la capacidad de las sedes principales para influir en la estrategia de las filiales. Con la maduración de las filiales y con el desgaste del control de la sede principal sobre los recursos estratégicos, se hacen necesarios enfoques alternativos al control estratégico. Hemos sugerido que, al utilizar el contexto organizativo, la sofisticación puede compensar el desgaste de la capacidad de control estratégico en la sede principal.

Hemos clasificado las multinacionales y la naturaleza de sus capacidades de control estratégico (utilizando el control sustantivo y control de contexto organizativo como los dos enfoques básicos) en cuatro categorías, fragmentada, autónoma, dependiente e integrada. Este esquema nos proporciona una base para diagnosticar el estado del control de la sede principal sobre la estrategia de la filial en una multinacional. También es útil a la hora de decidir un estado futuro deseable y un enfoque básico, sea éste control sustantivo o contexto organizativo, para desarrollar el control. El artículo complemetario examinará en profundidad el proceso de transición de un cuadrante a otro, es decir, el proceso de aumentar la sofisticación de la capacidad de control estratégico en una multinacional compleja.

Referencias

1. Ver P. Abell «Parent Companies' Control of Subsidiaries: Evidence from the UK» *Multinational Business,* 1974.

2. Muchos estudios han demostrado el alcance de la globalización de la estructura competitiva de las industrias.

Por ejemplo, ver:

a) El estudio de The Boston Consulting Group sobre *Strategy Alternatives for the Britis Motorcycle Industry,* HMSO, 1975.

b) American Iron & Steel Institute, *Steel at the Crossroads: The American Steel Industry in the 1980's,* enero 1980.
American Iron & Steel Institute, *The Economic Implications of Foreign Steel Pricing Practices in the U.S. Market,* agosto 1978.
American Iron & Steel Institute, *Economics of International Steel Trade: Policy Implications for the U.S.*, mayo 1977.

c) Nota sobre las industrias relojeras en Suiza, Japón y Estados Unidos, ICCH # 9-373-090, Rev. 9/76.
«Japanese Heat on the Watch Industry», *Business Week,* 5 de mayo 1980.
«Digital Watches: Bringing Watchmarking Back to the U.S.» *Business Week,* 27 de octubre 1975.

d) Volkswagen A.G., ICCH #9-376-108.
Ford en España (A), # 4-380-091.
Ford en España (B) # 380-092.
Ford Bobcat (A) # 4-380-093.
Ford Bobcat (B) # 9-380-100.
Ford Bobcat (C) # 4-380-101.
Ford Bobcat (D) # 4-380-102.

e) The U.S TV Set Market, Prewar to 1970, # 1-380-180.
The U.S TV Set Market, 1970-1979, # 1-380-181.
The Television Set Industry in 1979; Japan and Europe, #1-380-191.

3. Ver Y. L. Doz y C.K. Prahalad, «How MNCs COPE with Host Government Intervention», *Harvard Business Review,* marzo-abril 1980.

4. Ver L.G. Franko, *Joint Venture Survival in International Business* (New York: Praeger Publishers 1971).

Ver también, «Disinvestment-Corporate Strategy or Admission of Failure», *Multinational Business,* 1975.

5. Ver los siguientes casos de estudio:

Brown Boveri & Cie, ICCH #9-378-115.

Corning Glass Works International (A) ICCH # 9-379-051.

6. Ver J. Stopford y L. T. Wells Jr., *Managing the Multinational Enterprise* (New York: Basic Books, 1972).

L.G. Franko, *The European Multinationals* (Stamford, CT: Greylock, 1977).

7. Ver Y. L. Doz, C. A. Barlett y C. K. Prahalad, «Global Competitive Pressures vs. Host Country Demands: Managing Tensions in MNCs» *California Management Review,* invierno 1981.

8. Por ejemplo, ver E. P. Neufeld, *A Global Corporation: A History of the International Development of Massey Ferguson Ltd.* (Toronto, Canadá: Universitiy of Toronto Press, 1969).

9. Ver R. Ronstadt, «R and D Abroad: The Creation and Evolution of Foreign Research and Development Activities of U.S. Based Multinational Enterprise» (Boston, disertación de un MA: D.B.A, Harvard Business School, 1975).

10. Existen pruebas provisionales sobre patrones de desinversión que sugieren que en una muestra de operaciones de multinacionales en Europa, las desinversiones se dan con más frecuencia en estas situaciones. Ver N. Hood y S. Young, *European Development Strategies of US Owned Manufacturing Companies (*Edinburgh: HMSO, 1980).

11. Se da una descripción del enfoque de L. M. Ericsson en Y.L. Doz, *Government Control and Multinational Strategic Management* (New York: Praeger Publishers, 1979).

12. Ver A. Katz, «Planning in the IBM Corporation» (ponencia enviada a la conferencia TIMS-ORSA Strategic Planning Conference, New Orleans, febrero 1977).

Influencia de la sede principal y control estratégico en las MNC

YVES L. DOZ* Y C.K. PRAHALAD**

Resumen

Este artículo es el segundo de una serie dividida en dos partes que estudia los problemas del mantenimiento del control sobre las filiales en una multinacional. Construyendo un marco conceptual desarrollado en el primer artículo, los autores muestran cómo las sedes principales pueden obtener, o recuperar, el control sobre sus filiales mediante el uso hábil de diversos mecanismos de control administrativo. Los autores debaten los tipos de mecanismos

* Yves L. Doz es profesor asociado de Política Empresarial en INSEAD. El Dr. Doz se graduó en la Ecole des Hautes Etudes Commerciales, y se doctoró por la Harvard Graduate School of Business Administration. Él es el autor de *Government Control and Multinational Strategic Management* y *Multinational Strategic Management: Economic and Political imperatives*, de próxima publicación.

** C.K. Prahalad es profesor de Política y Control en la Universidad de Michigan, Graduate School of Business Administration. El Dr. Prahalad ostenta la licenciatura de Ciencias de la Universidad de Madras, postgrado del Indian Institute of Management, Ahmedabad y el D.B.A de la Harvard Business School. Su docencia, investigación e intereses de consulta radica en las áreas de gestión estratégica y control en las grandes y complejas organizaciones. El Dr. Prahalad ha escrito artículos para publicaciones como *Sloan Management Review, Harvard Business Review* y *Economic and Political Weekly.* Es coautor de *Financial Management of Health Institutions* y *The Management of Health Care.*

disponibles para las sedes principales, las características de estos mecanismos y cómo estos mecanismos son utilizados con eficacia para ganar mayor control. Se aportan datos de empresas que han utilizado estas técnicas con éxito y otras que las han utilizado sin resultado. Ed.

Competir con éxito en la industria global, con frecuencia, requiere de estrategias globales. Para ejecutar una estrategia global, puede que sea necesario que la sede central influya en la dirección de la estrategia de la filial[1]. En algunos casos, la dependencia de las filiales de la sede principal para claves humanas, financieras, tecnológicas y recursos de gestión puede proporcionar a la sede principal el punto de fuerza necesario para ejercer una considerable influencia. No obstante, con frecuencia, la tradición de la autosuficiencia y autonomía de la filial limita enormemente la influencia de la sede principal. En tales circunstancias, cuando la multinacional se ha *fragmentado* en filiales separadas, la reconstrucción de la influencia de la sede principal es mucho más difícil. Con una influencia sustantiva, la sede principal puede ganar influencia, con el tiempo, a través del desarrollo de un *contexto organizativo.*

En este segundo artículo, analizamos cómo las sedes principales pueden utilizar una serie de mecanismos administrativos para obtener control sobre las operaciones de las filiales e influir en sus estrategias con el tiempo. Primero revisamos los mecanismos y debatimos las implicaciones de los mismos. En la segunda sección de este artículo se presenta un modelo simple de cómo los mecanismos seleccionados se pueden utilizar en serie para establecer el control de la sede principal. Después, presentamos ejemplos de empresas que hemos estudiado con detalle para ilustrar, analizar y contrastar los ejemplos de un establecimiento satisfactorio de control por parte de la sede principal con ejemplos de intentos fallidos.

Mecanismos para el control de la sede principal

En nuestro primer artículo, dijimos que una organización puede considerarse como la suma de cuatro orientaciones (cognitiva, estratégica, de poder y administrativa), que están todas interrelacionadas entre sí. Una influencia eficaz de la sede principal a la hora de dar forma a una estrategia global competitiva no sólo requiere cambios en el aspecto cognitivo y en las orientaciones estratégicas, sino también cambios a la hora de introducir las posibilidades de la distribución de recursos. Esto requiere a su vez, cambios de poder dentro de la organización. Para lograr una ejecución eficaz de los nuevos programas causada por los cambios producidos en la selección de la distribución de recursos, requiere cambios en los mecanismos de control administrativo. En otras palabras, las cuatro orientaciones tienen que cambiar para que el control de la sede principal sea efectivo.

Los mecanismos de administración pueden influir en las cuatro orientaciones. Por ejemplo, en los cambios que hemos analizado, estos mecanismos podrían cambiar, con el tiempo, el contexto de las decisiones de la filial; de una preocupación exclusiva con prioridad nacional a una búsqueda activa para estrategias globales integradas. Dichos cambios se pueden conseguir al modificar la información de la que disponen los directivos, su percepción de criterios para el éxito y el modo en el que se solucionan los conflictos entre las subunidades de la organización. Aunque es posible que los mecanismos utilizados varíen de empresa a empresa, en la tabla 1 se proporciona una lista de mecanismos típicos utilizados por las sedes principales para obtener influencia.

Tabla 1 Repertorio típico de mecanismos administrativos para realizar un cambio estratégico

I. Mecanismos de gestión de datos	II. Mecanismos de gestión de dirección	III. Mecanismos de resolución de conflictos
1. Sistemas de información	1. Elección de directivos clave	1. Asignación de responsabilidad de decisión
2. Sistemas de medida	2. Trayectoria profesional	2. Integradores
3. Procedimientos de distribución de recursos	3. Sistemas de recompensa y penalización	3. Equipos de empresa
4. Planificación estratégica	4. Desarrollo de gestión	4. Comités de coordinación
5. Procesos presupuestarios	5. Patrones de socialización	5. Equipos de trabajo
		6. Procesos de resolución de asuntos

Tres tipos de mecanismos

Los siguientes mecanismos ayudan a cumplir con los requisitos previos a la adquisición del control por parte de la sede principal: (1) *los mecanismos de gestión de datos* estructuran y proporcionan datos que son pertinentes para el rendimiento global de la empresa; (2) los *mecanismos de gestión de dirección* modifican las expectativas de los directivos y sus percepciones de interés propio pasando de la autonomía de la filial al rendimiento empresarial internacional; (3) *los mecanismos de resolución de conflictos* resuelven los conflictos desencadenados por la necesidad de equilibrio entre filiales nacionales que deberán resolverse dado que, normalmente, estrategia global efectiva, significa que algunas filiales tienden a obtener más beneficios que otras.

Características generales de los mecanismos

A la hora de seleccionar la mezcla de mecanismos que se va a utilizar, así como el orden y el momento de su introducción, los directivos deben considerar las características de estos mecanismos.

1. Orientaciones organizativas afectadas. No todos los mecanismos afectan por igual a las cuatro orientaciones. La designación de una gerencia clave afecta primeramente a la orientación de poder. Por lo tanto, designar individuos que sean más emprendedores, más tenaces o más habilidosos a la hora de obtener lealtades personales y compromisos, y a la hora de construir una base de poder como directores en todo el mundo, es probable que lleve a la organización a un aumento de la influencia de la sede principal sobre la estrategia de las filiales. Al mismo tiempo, los directivos deberían elegir como directores de las filiales a aquellas personas que muestren rasgos personales más administrativos y menos empresariales. Tal asimetría en los rasgos de personalidad, normalmente, da como resultado asimetría de poder; una asimetría en la que dos personalidades empresariales se enfrentarían y probablemente acabarían encarándose en una estéril lucha de poder y no podrían desarrollar conjuntamente un enfoque para la distribución consistente de recursos o para gestionar un claro proceso de ejecución.

Existen otros mecanismos que pueden afectar de forma más directa a diversas orientaciones (por ejemplo, los sistemas de información). Al suministrar información variada o información empaquetada de diversas formas, los sistemas de información pueden afectar a la dimensión cognitiva. Los sistemas de información también afectan a la dimensión estratégica, al menos en la medida en que una orientación estratégica puede parecer mejor o peor frente a uno u otro conjunto de datos. Dado que el acceso selectivo a la información proporciona poder dentro de una organización, la forma en la que los sistemas de información determinan el flujo de información también afecta a la dimensión del poder.

2. Fortaleza y valor simbólico de los mecanismos. Los mecanismos dan señales de diversa fortaleza y valor simbólico a los directivos intermedios de la organización. Los deseos de la sede central de adquirir el control, tal y como demuestra una línea de cambios administrativos y directivos, lleva normalmente a los directivos intermedios a intentar leer pistas en cada nuevo mecanismo, para evaluar su fuerza y darle una interpretación simbólica.

La decisión de crear un comité de «coordinación» entre filiales, por ejemplo, es en sí, un mecanismo relativamente débil. Lo que realmente importa es cómo se utiliza el comité. Unos directivos habilidosos pueden variar el uso de dicho comité casi de reunión a reunión.

Dicho comité también puede disolverse al poco tiempo sin mayor dificultad.

Sin embargo, designar un ejecutivo muy respetado para coordinar la línea de producto mundial es un movimiento mucho más fuerte, porque el valor simbólico de dicho movimiento es considerable; no se puede modificar fácilmente sin que la alta dirección pierda prestigio. Incluso más significativos aún son los cambios de las trayectorias profesionales; tardan años en efectuarse y más aún en ser revertidos. Los costes de los errores pueden ser extremadamente altos: pérdida de directivos talentosos, luchas de poder, resignación y altos costes emocionales y personales para los directivos implicados. La designación de un ejecutivo y los cambios explícitamente «interpretados» en las trayectorias profesionales afectan directamente a las relaciones de poder percibidas y son señales de cambio extremadamente fuertes. Contrarios a la designación de un comité, ellos también señalan un claro cambio en la dirección (la *dirección* del cambio es tan crítica como la extensión del cambio).

Otros mecanismos, tales como son los procedimientos de planes estratégicos, pueden no tener la misma fuerza que los mecanismos descritos, pero pueden legitimizar el uso de mecanismos más fuertes mediante el cambio selectivo de las orientaciones cognitivas o fomentando la concienciación de oportunidades o dificultades estratégicas seleccionadas mientras que otros asuntos se mantienen sin sufrir cambio alguno.

3. Selectividad. Algunos mecanismos pueden tener la capacidad de determinar selectivamente, en una gama de temas de decisión, el equilibrio entre autonomía de la filial y el control de la sede principal. Esto es importante porque las tensiones entre imperativos económicos y políticos (debatidos en el primer artículo) con frecuencia no encuentran una solución duradera y deben gestionarse continuamente. Es mejor dejar algunas decisiones a las filiales y la representación efectiva de las perspectivas nacionales debería mantenerse incluso en el caso de que se haya establecido el control por parte de la sede principal. La influencia de la sede principal no debe tener como resultado que todo el poder recaiga sobre los ejecutivos a nivel mundial y se excluya a los directores de las filiales y a los ejecutivos regionales.

Algunas empresas han desarrollado elaboradas redes de toma de decisiones, en las que los respectivos poderes de sedes centrales y filiales se especifican según el tipo de decisión[2]. Otras empresas utilizan coordinadores como agentes filtrantes: L.M. Ericsson es un ejemplo de este sistema[3]. Los patrones profesionales, por contra, no pueden ser muy selectivos; ya que son representativas de grandes decisiones tomadas en base a consideraciones que engloban un espectro muy amplio y no permiten que se miren con lupa sin comenzar a lanzar señales que parecerían muy confusas a los directivos que son sensibles a los patrones las promociones profesionales.

4. Continuidad. Algunos mecanismos se pueden descartar fácilmente sin coste alguno y con brevedad. Descartar otros puede implicar costes muy altos para los directivos implicados. Obviamente, el horizonte temporal de varios mecanismos también difiere ampliamente. Los equipos de trabajo pueden ser considerados como mecanismos temporales que llevan a resultados rápidos. Puede llevar años obtener resultados de un cambio mayor de los procedimientos de los planes estratégicos tal y como es el caso de los cambios en los patrones profesionales.

Algunos mecanismos pueden implicar una alta continuidad en modos menos visibles. Los puntos de vista mantenidos por directivos individuales, que apoyan propuestas específicas de distribución de recursos y descartan otras, se han formado en un periodo de tiempo a través de percepciones de ventajas y riesgos, del desarrollo de carreras y a través de la construcción de antecedentes personales. Aunque los criterios de aprobación formal de los proyectos pueden modificarse fácilmente, al igual que los formatos de estas propuestas, los puntos de vista que matan o impulsan una propuesta hacia una aprobación corporativa no pueden ser modificados. Por lo tanto, es crítico para la alta dirección considerar con atención el tiempo necesario para que un mecanismo obtenga resultados así como los retrasos implicados en el cambio de enfoque de un mecanismo desde la autonomía de la filial al control de la sede principal.

5. Necesidad de soporte continuo para la alta dirección. Los mecanismos no sustituyen a la implicación directa de la alta dirección y al liderazgo personal. Aun así, los mecanismos difieren en el sentido de que necesitan soporte continuo por parte de la alta dirección. Primero, la dirección (el cambio que sufre realmente una orientación) depende de la alta dirección. La existencia de un mecanismo proporciona simplemente un canal de acción para la sede central, pero no transmite sensación de estar dando una dirección. Por ejemplo, la implicación de la sede principal en las promociones profesionales de las filiales no implica per se un control de la sede principal, a menos que la sede principal también cree patrones consistentes en trayectorias profesionales que sostengan una estrategia global.

Casi todos los demás mecanismos necesitan ser establecidos y monitorizados por la alta dirección. La monitorización por parte de la alta dirección puede parecer trivial pero son tareas importantes como asegurar que las fechas de reunión del comité no excluyen sistemáticamente a ciertos miembros o comprobar que los directivos reciben los datos especificados por los sistemas de información. Algunos mecanismos pueden requerir, comparativamente, menos implicación por parte de la alta dirección en su funcionamiento diario, pero implican una gran atención en su diseño y el inicio de su uso.

Características específicas de mecanismos

Las limitaciones de espacio impiden que detallemos las cinco características de cada mecanismo típico, orientaciones organizativas afectadas; fortaleza de señal y valor simbólico; selectividad; continuidad y la necesidad de soporte continuo por parte de la alta dirección. No obstante, en la tabla 2 se presenta un resumen simplificado comparando las características de los mecanismos seleccionados. La importancia que cada característica tiene para cada mecanismo se indica simplemente en una escala baja-media-alta según el análisis realizado sobre el papel que representa el mecanismo en las empresas que hemos observado al detalle.

Uso adecuado de los mecanismos

Es importante tener en cuenta que puede que la alta dirección de una empresa cualquiera no disponga de todos los 16 mecanismos descritos. Algunos mecanismos pueden llegar a ser tan críticos como para afectar la unidad corporativa y ser considerados «tabú»; porque ningún directivo por sí mismo tiene el poder para cambiarlos. En algunos casos, un mecanismo en particular puede ser parte central de una idea corporativa común o de una cultura que provenga de los fundadores de la empresa. En otros casos, un mecanismo puede ser el resultado de la resolución de antiguos conflictos de poder o de negociaciones entre ejecutivos, representando, por ende, la piedra angular de la estabilidad interna. Cambiar los mecanismos abriría viejas heridas, reavivaría conflictos internos y rompería el equilibrio de poder.

En concreto esto lleva al reconocimiento de la diversidad histórica de las corporaciones: un mecanismo que funciona muy bien en una organización puede no funcionar en absoluto en otra, o puede fomentar negativas e inesperadas consecuencias. El repertorio de significados disponible para un directivo en una situación dada es sólo un subconjunto de mecanismos identificados aquí.

El reto para la alta dirección, más allá del saber utilizar hábilmente cada mecanismo, es decidir cuándo utilizar qué mecanismo y en qué secuencia. La naturaleza histórica de las grandes corporaciones como sistemas sociales y políticos asegura que no existe una guía universal que prescriba el uso de los mecanismos. Estudiar los intentos de éxito y los fracasos vividos por parte de las sedes internacionales para obtener el control de gestión sobre sus filiales, nos ha llevado, no obstante, a llegar a cierta comprensión y a la formulación de algunas propuestas generales.

Tabla 2 Grandes características de los mecanismos de control seleccionados

Mecanismos	Orientaciones organizativas afectadas	Fortaleza y valor simbólico de los mecanismos	Selectividad	Continuidad	Necesidad de soporte continuo para la alta dirección
I. Gestión de datos					
1. Sistemas de información	Cognitiva, estratégica, poder	Variable*	Alta	Media	Baja
2. Sistema de medida					
–Rendimiento empresarial	Cognitiva	Medio	Media	Media	Baja
–Rendimiento de los directivos	Poder	Alto	Media	Media	Baja
3. Procedimientos de distribución de recursos					
–Contenido	Estratégica	Medio	Alta	Baja	Baja
–Impetu	Poder	Alto	Alta	Alta	Madia
–Aprobación	Administrativa	Alto	Alta	Baja	Alta
4. Plan estratégico	Estratégica	Variable*	Baja	Alta	Media
5. Proceso presupuestario	Administrativa	Alta	Baja	Baja	Baja
II. Gestión de dirección					
1. Elección de directivos clave	Poder	Fuerte	Baja	Alta	Media
2. Trayectoria profesional	Poder	Fuerte	Baja	Alta	Alta
3. Sistemas de recompensa y penalización	Poder	Fuerte	Baja	Media	Alta
4. Desarrollo de gestión	Estratégica, cognitiva	Variable*	Alta	Media	Media
5. Patrones de socialización	Cognitiva	Baja	Baja	Alta	Alta
III. Resolución de conflictos					
1. Asignación de responsabilidad de decisión	Administrativa	Alta	Alta	Media	Baja
2. Integradores	Cognitiva	Baja	Alta	Baja	Alta
3. Equipo empresarial	Cognitiva	Baja	Baja	Media	Alta
4. Comités de coordinación	Cognitiva	Baja	Alta	Baja	Alta
5. Equipos de trabajo	Estratégica	Variable*	Alta	Baja	Alta
6. Procesos de resolución de asuntos	Estratégica	Variable*	Alta	Baja	Alta

* Variable significa que la fortaleza y el valor simbólico del mecanismo se basa principalmente en cómo se establece y gestiona el mecanismo.

El desarrollo del control de las sedes principales sobre las filiales

Al comparar en muchas empresas, cómo los altos directivos construyeron y utilizaron los mecanismos de control de las sedes principales, nuestro propósito no es simplemente describir sino también aportar explicaciones que ayuden a entender qué sería un uso hábil o torpe de los mecanismos. Los cambios que se intentaron realizar se encuadran en tres categorías: (1) cambios intencionales que se han realizado; (2) cambios paralizados y (3) cambios frustrados[4]. Primero desarrollaremos un modelo de cambio de éxito y después analizaremos las áreas en las que las empresas afrontan mayores dificultades.

Cambios de éxito

Los ejemplos de éxito, en los que la sede principal obtiene el control de las estrategias de las filiales, compartían algunas características importantes. Todos empezaron con la designación de un ejecutivo clave (que era respetado y que disfrutaba de un alto nivel de legitimación dentro de la organización) para un cargo que le ofrecía manga ancha a la hora de mejorar el rendimiento mediante la coordinación de actividades de la filial. La lógica subyacente tras dicha coordinación era, normalmente, disminuir costes evitando la duplicación de los esfuerzos para desarrollo del producto y produciendo componentes y productos individuales a mayor volumen, por lo tanto, tomando ventaja de las economías de escala y de la experiencia. Las duras presiones de competencia legitimaron este enfoque.

Esta designación fue seguida por una fase (durante la cual el nuevo ejecutivo actuaba de acuerdo con la orientación cognitiva de los gestores de las filiales extranjeras) que llevó a la consideración explícita de temas estratégicos desde una perspectiva regional a una global. Esto se llevó a cabo mayoritariamente a través de la creación de equipos empresariales y diversos tipos de comités de coordinación o planificación. En un caso (General Motors y sus empresas de componentes europeas en 1971-73), esto se consiguió mediante intensos contactos personales entre el nuevo ejecutivo y los directivos de operaciones. Esta coordinación y los mecanismos de resolución de conflictos legitimaron el hecho de poder considerar posibles cambios estratégicos. La consideración explícita precisa de un cambio estratégico requería nuevos datos, que fomentaron cambios en los sistemas de información.

Al menos un año después de haber comenzado este proceso se iniciaron los cambios de asignación de responsabilidad menor a favor del control de la sede principal. En principio, éstos fueron cambios con los que las filiales podían estar fácilmente de acuerdo, como coordinación central de exportación en Delta o la reubicación en Detroit del personal de operaciones de GM en el extranjero.

En Delta, la coordinación de exportación fue útil para establecer programas de producción nacional y mejorar la utilización de la planta. En GM, las filiales se habían estado quejando de que el personal central, relativamente ineficaz, «en el extranjero» constituía una barrera entre ellas y la sede principal o las divisiones[5] de Estados Unidos. Ambos cambios fueron bienvenidos por parte de los directivos de las filiales. Estos cambios de asignación de responsabilidad consolidaron la postura del nuevo ejecutivo. Se realizaron otros cambios aparentemente menores, es decir, coordinación de transferencia de tecnología o unión de programas I &D entre filiales.

Sólo al final del proceso de cambio se realizaron los cambios de poder o autoridad; esto es, cambios en los procedimientos de distribución de recursos, cambios en trayectorias profesionales y cambios de estatus significativos (es decir, el traslado de las filiales extranjeras más grandes de GM a estatus divisional). El proceso de cambio se puede dividir en tres amplias fases:

Fase I: Generación de variedad. Variedad estratégica y cognitiva amplia se desarrollan en esta fase, y en este proceso están implicados los directores de las filiales. Surgen las cuestiones estratégicas y la consideración explícita del cambio estratégico se legitima. Esta fase se cierra con cambios en los mecanismos de gestión de datos. Estos cambios aseguran orientaciones cognitivas múltiples y estratégicas y generan negocios y datos precisos acerca del producto en las filiales, de modo que se pueden analizar estrategias alternativas. Aun así, raramente se elaboran estrategias completas. Las estrategias de integración se proponen en un contexto operativo funcional (por ejemplo, fabricación).

Fase II: Cambio de poder. Cuando se gestiona con habilidad, esta etapa consiste en redistribuir una serie de decisiones relativamente menores que conllevan a la existencia de un cambio en la autoridad. Cada redistribución se legitima a través de los cambios estratégicos y cognitivos detallados en la fase I (generación de variedad). Consideradas individualmente, ninguna fase es muy solemne y es probable que los directores de las filiales no se muestren contrarios a ellas. No obstante, si se miran en conjunto, estos cambios menores aumentan el poder del nuevo ejecutivo. Al final, él o ella ejercita un control sustantivo sobre las exportaciones, transferencias de tecnología, especificación de planta, utilización del capital y adquisición de materia prima. El nuevo ejecutivo gestiona ahora muchas dependencias clave de las filiales nacionales.

Figura 1 **Proceso de desarrollo de control de la sede principal**

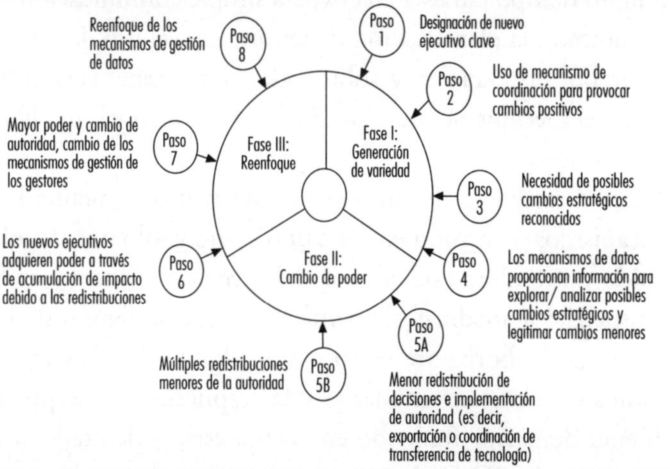

Fase III: Reenfoque. En esta fase, se comienzan a materializar algunas de las ventajas del control de la sede principal. El cambio ha adquirido legitimidad y el ejecutivo ha logrado el poder para ejecutar los grandes cambios. Sólo en esta fase se utilizan los mecanismos más fuertes, como efectuar cambios en los patrones de responsabilidad de decisión o cambios visibles en trayectorias profesionales. Finalmente, es posible eliminar alguna variedad introducida en principio en los mecanismos de gestión de datos. Estos mecanismos se pueden reenfocar y limitar a áreas críticas para el control de las sedes principales y estrategias de integración. El proceso se resume en la figura 1.

Es importante reconocer el tiempo que es necesario para dichos cambios. En los casos que hemos estudiado, se necesitó un año para que el desarrollo y uso de los mecanismos de resolución de conflictos provocaran un cambio cognitivo y la consideración explícita de la necesidad de cambios estratégicos. Los mecanismos de cambio de gestión de dirección se utilizaron sólo en el tercer año o incluso más tarde. Los cambios tardaron unos tres años de media en completarse.

¿Por qué un progreso tan lento? Cada mecanismo necesita algún tiempo para ser efectivo: la simple comunicación de los cambios, la planificación de reuniones o el uso del mecanismo por primera vez, y, sobre todo, el mantener la credibilidad del mecanismo ante los directivos de operaciones llevó mucho tiempo.

Los directivos enfocaron el cambio paulatinamente. Los mecanismos se introdujeron de uno a uno y sólo una vez obtenido un resultado de eficacia del mecanismo incorporado se procedió a añadir el siguiente o a reiniciar alguno de los existentes. El horizonte temporal de alguno de estos mecanismos es relativamente largo y la respuesta sólo se puede obtener despacio. Teniendo en cuenta estas dificultades y el deseo de evitar repentinas reorganizaciones, los cambios en Delta y GM se realizaron a un ritmo notable. Comparando estos cambios de éxito con otros que tuvieron menos éxito podemos arrojar más luz sobre los aspectos clave del proceso de cambio perfilado en la figura 1.

Cambios paralizados

Los ejemplos del fabricante de camiones europeo IVECO y de Corning Glass muestran algunas de las dificultades a las que estas empresas se enfrentaron durante la adquisición de control por parte de la sede principal sobre las filiales[6]. Las operaciones internacionales de Corning se basaron en sus aplicaciones de alta tecnología de productos de vidrio, desde tubos de televisión o cristal resistente al horno hasta lentes ópticas y cristalería para laboratorio. Hasta finales de los años 60 las filiales habían permanecido autónomas. La mayoría habían empezado como *joint ventures* o como empresas independientes europeas que Corning adquirió más tarde. IVECO comenzó como una *joint venture* entre Fiat y

Klöckner Humbolt Deutz (KHD), fabricando camiones en tres países europeos (Italia, Alemania y Francia) y con ventas y filiales de servicio por toda Europa. El objetivo de IVECO era conseguir una producción a gran escala pero a bajo coste, para competir eficazmente contra Daimler Benz, el productor de camiones europeo.

Ambas empresas iniciaron el proceso de cambio de modo muy similar a Delta y GM (es decir, la alta dirección de Corning se dio cuenta de la necesidad de mejorar la coordinación entre las operaciones nacionales de Estados Unidos y europeas). En ambas empresas el cambio estratégico se inició con el nombramiento de un ejecutivo clave, pero se paralizó rápidamente debido a la carencia del uso constante de los mecanismos administrativos.

Corning Glass. Ya existían problemas latentes por haberse producido anteriormente una escisión de responsabilidad entre la empresa y los niveles internacionales. Cuando Corning se hizo cargo del control mayoritario de las filiales europeas, los intentos de implementar un sistema de informes uniforme por razones legales hizo que los directivos de las filiales se resistieran aún más al control por parte de la sede principal. Le siguió la coordinación de exportación, con algún éxito, como en el caso de Delta. Fracasó un intento de coordinar las transferencias de tecnología (de nuevo igual que en el caso de Delta): el nuevo directivo del área europea no pudo, por sí mismo, coordinar las transferencias de tecnología entre diferentes líneas de producción. Al contrario que en Delta, no estaba a cargo de las operaciones en Estados Unidos, y tuvo poca influencia sobre las divisiones nacionales de Estados Unidos. Reconociendo parte de esa dificultad, el directivo del área europea de Corning designó tres directores internacionales para coordinar las operaciones estadounidenses y europeas por amplias categorías de productos (de «consumo», «eléctricos» y «ciencia y medicina»). Sin embargo, los directivos de las filiales no se implicaron de inmediato en ninguna forma de equipo empresarial entre filiales; esa implicación sólo se produjo un año más tarde. Esto contrasta con Delta o GM donde dichos equipos se formaron casi de inmediato (un equipo de producto a nivel mundial en Delta y un comité de planificación en el extranjero en GM).

Mientras tanto, en Corning se utilizaron algunos mecanismos de gestión de datos, pero sin demasiada constancia. En cualquier filial, la interdependencia de productos dejaba mucho espacio para realizar una distribución razonable de costes entre los productos. No todas las filiales alcanzaron criterios comparables. Además, la necesidad de una estrategia global variaba dependiendo de los productos, y esta variación no era totalmente reconocida por los directivos internacionales. Uno de ellos intentó integrar operaciones en los productos de cocina, que eran muy sensibles a las diferencias existentes en los diversos mercados nacionales. Por el contrario, otro directivo decidió «confiar en las filiales» y les dio total autonomía en el área de productos eléctricos que era donde se necesitaba la integración.

Como resultado de esto, los gestores de las filiales no consideraron que se trataba de una estrategia legítima bien definida que pudiera servir de base para el intento de la sede principal de hacerse con el control de la gestión. Más bien encontraron estos intentos como ilegítimos e inconsistentes. Dado que las diferencias entre productos no fueron analizadas sistemáticamente, tanto los directivos de las filiales como los directivos internacionales utilizaron diferentes productos para mostrar que su parte era la que hacía lo «correcto». De hecho, el proceso no legitimó la responsabilidad de decisión y los cambios de poder se detuvieron en 1974[7].

El proceso de cambio se paralizó en los pasos 3 y 4, tal y como se definen en la figura 1: el uso indiscriminado de los mecanismos de coordinación (paso 2) dieron como resultado una pobre definición de la necesidad de cambio estratégico. El uso poco preciso de los mecanismos de datos (paso 4) hizo que fuera imposible la redistribución de autoridad (pasos 5 A y 5B). Los cambios no se legitimaron y fracasaron los intentos tardíos para implicar a los gestores de las filiales en los «órganos empresariales del mundo».

La crisis empresarial de 1975 combinada con la confirmación de que los «órganos empresariales del mundo» no eran efectivos en cuanto a proporcionar cambios más profundos, llevó a la alta dirección a llamar a consultores externos. Se analizaron diversos negocios y se clasificaron según la necesidad de una estrategia globalmente integrada para que cada uno pudiera competir con éxito. Las siguientes reuniones entre los altos directivos y los ejecutivos de las filiales llevaron a la definición y aceptación de «parrillas de decisión» que detallaron el proceso de toma de decisión sobre una serie de temas según los análisis realizados por los consultores. El personal internacional también se fusionó con el personal nacional (similar al caso de GM). Se realizaron más cambios en la contabilidad, planificación y sistemas presupuestarios para mantener una total claridad y poder hacer comparaciones duales: los resultados presentados por país podrían estar directamente relacionados con los resultados presentados por producto. A finales de los años 70 Corning Glass había evolucionado hacia una matriz multinacional compleja en la que la extensión del control de la sede principal variaba con las líneas de producto y funciones. En los dos últimos años, 1980-81, se ha dado una gestión funcional aumentando el énfasis[8].

En resumen, la poca constancia, la ilegitimidad y un uso poco adecuado del orden de los mecanismos administrativos evitó la adquisición del control por parte de la sede principal en Corning en 1974-75.

IVECO. En IVECO el proceso también se había detenido y se recurrió a consultores. IVECO se había creado a partir de la iniciativa de un ejecutivo de Fiat que se convirtió en presidente de la nueva empresa. La empresa aglutinaba antiguas filiales italianas y francesas de Fiat fabricantes de camiones y la antigua división de camiones Magirus de Klöckner Humbolt Deutz, que recibió el 20% de las acciones de IVECO a cambio de la fusión.

El nuevo presidente creó rápidamente los comités de coordinación funcional entre filiales de IVECO, que fueron dirigidos por coordinadores de la empresa. También se creó un comité asesor para la gestión bajo su dirección; estaba formado por los coordinadores corporativos de IVECO y por los directores generales de las tres empresas nacionales (en Italia, Francia y Alemania). En los primeros meses de la existencia de IVECO, estos comités estuvieron de acuerdo en realizar un plan interfilial de racionalización de la ingeniería y fabricación. Las nuevas inversiones masivas controladas por la sede principal reforzaron este plan y dieron a la alta dirección de IVECO mucha capacidad de influencia sobre las filiales.

Así, una vez que las necesidades más imperiosas de racionalización se habían cumplido, la ejecución del plan se ralentizó. Los mecanismos de gestión de datos eran muy rudimentarios o poco precisos para poder justificar cambios posteriores. Por ejemplo, los datos de contabilidad no eran lo suficientemente precisos como para proporcionar una información exacta de los costes. El proceso de planificación no se mantuvo porque los directivos de las filiales nacionales carecían de datos irrefutables para acordar los siguientes pasos. Mientras tanto, diversos mecanismos (el liderazgo del presidente, la necesidad competitiva de racionalizar la ingeniería de producto y la producción así como las nuevas grandes inversiones) permitieron un rápido cambio de las orientaciones cognitiva y estratégica, los mecanismos de cambio eran demasiado frágiles (o ambiguos) como para completar la redirección estratégica.

La dimensión administrativa no cambió y más allá de la designación inicial de un presidente fuerte, no se realizó la redistribución de poder[9].

La falta de sofisticación en el diseño y el uso de mecanismos de gestión de datos conformaban un gran bloque que se tambaleaba (ver paso 4 en figura 1). Los conflictos latentes, que en principio se consiguieron suprimir gracias al fuerte liderazgo del primer presidente de IVECO, jugaron en contra del establecimiento de los mecanismos de gestión de datos, a los que se les dio mucho valor simbólico. Como consecuencia, estos mecanismos continuaron siendo poco precisos. La inminente jubilación del presidente neutralizó la mayor fuente de legitimidad para el cambio. La falta de transparencia de los datos y la fuente de conflicto que representaron hizo que fuera casi imposible realizar más cambios formales relativos a la autoridad. Esto llevó a un punto muerto.

Alineando las orientaciones cognitiva, estratégica y de poder con la estructura de autoridad formal, los consultores sugirieron un enfoque funcional que simplificaría enormemente la tarea de la gestión. Este enfoque proporcionó un repentino poder a los ejecutivos clave (paso 6 en figura 1) y reenfocó las cuatro orientaciones hacia una competitividad en toda Europa. A los directivos de las filiales nacionales que se mostraron más reacios se les dio más responsabilidades y, de esa manera, pasaron a formar parte de la nueva estructura.

Contraste de cambios paralizados. El proceso de IVECO contrasta con el de Corning porque la pronta implicación de los directivos de las filiales de IVECO y el uso efectivo de diversos mecanismos de resolución de conflictos permitió cambiar las orientaciones cognitiva y estratégica. La poca diversidad de producto, en comparación con Corning, y la gran competencia existente también hicieron que todos los directores consideraran obvia la necesidad de contar con una estrategia centralizada. Pero, la relativa falta de claridad y precisión de los mecanismos de gestión de datos evitó que se completara el cambio. Tras haber tomado las medidas obvias y haber realizado grandes inversiones corporativas (unos tres años en el proceso), el cambio se paralizó. Los anteriores cambios en responsabilidad se habían limitado a la especialización de plantas y centros de ingeniería. En otras palabras, el cambio de IVECO se paralizó más tarde que el proceso de Corning, pero la paralización fue mucho más brusca.

Intentos fallidos para obtener el control de la sede principal

Las fuerzas arraigadas en los mecanismos de gestión pueden empujar hacia la autonomía de las filiales, con frecuencia, apoyando negocios más grandes que requieren responsabilidad nacional extensiva y una relación cercana al gobierno receptor. Por ejemplo, Brown Boveri había tenido filiales nacionales establecidas desde principios de la década de 1900, sirviendo principalmente a empresas eléctricas nacionales. De hecho, la mayoría de estas filiales se habían encontrado dos veces a ambos lados de una guerra mundial. Dadas estas características y un mercado nacional suizo muy pequeño, la dirección de Brown Boveri había asumido hacía tiempo que existía poca base para un control sustantivo por parte de la sede principal. La única excepción que encontraban eran dos áreas: gestión de tecnología y coordinación de las ventas de exportación[10].

Gamma Company (nombre ficticio) se encontraba en una situación similar. Hasta los años 70 su éxito se había basado en filiales que reproducían las instalaciones de fabricación de la central al tiempo que permanecían autónomas en su funcionamiento y en la comercialización de su producción. Aunque los clientes controlados por el gobierno no eran tan críticos con Gamma como lo eran con Brown Boveri, Gamma tenía actividad en muchos sectores diversos en los que la influencia gubernamental era intensa: farmacéuticas, proceso de datos, instrumentación, etc.

En ambas empresas, la mayoría de los mecanismos administrativos apoyaban la autonomía nacional. Cada empresa nacional era un centro de beneficios independiente como lo era cada negocio dentro la empresa nacional. Había muy poco movimiento de gestión entre los países; la progresión profesional tuvo lugar dentro de cada empresa nacional.

Casi toda la alta dirección de Brown Boveri Company (BBC) provenía del grupo de las redes eléctricas, y se mostraban muy susceptibles frente a la necesidad de autonomía de las filiales nacionales. Dentro de Gamma, los principales directivos de los diferentes países disfrutaban claramente de más estatus que los directivos de los grupos de producto. Los fortísimos mecanismos de gestión de dirección apoyaban totalmente la orientación nacional. En contra de este conjunto de fuertes mecanismos que favorecían las responsabilidad nacional, se hicieron patentes las dificultades para que la sede principal adquiriera el control sobre ciertas empresas que necesitaban una estrategia global.

Brown Boveri. En BBC, existían equipos interfiliales de producto y de actividad comercial desde 1970. Había dieciséis equipos de actividad comercial, cada uno responsable de una actividad comercial importante (por ejemplo, motores eléctricos) y más de 100 equipos de producto, uno para cada línea de producto importante (es decir, interruptores de bajo voltaje). Estos equipos eran responsables del desarrollo de las estrategias empresariales en todo el mundo. En 1970, también se crearon diversos grupos formados por el personal de la empresa, marketing, planificación y finanzas. El personal de marketing de la empresa coordinó las exportaciones de las filiales nacionales. Los grupos de personal de planificación y finanzas tenían un papel menos activo en lo referente a coordinación.

A finales de los años 60 el pequeño negocio de motores (cuyas ventas se dirigían principalmente a usuarios industriales) cayó en una fuerte competencia de precios originada por los bajos precios de importación proveniente de Japón y de los países del este. Los competidores europeos como Leroy Somer, habían desarrollado plantas a gran escala para reducir sus costes. En un sentido cognitivo o estratégico, la solución a la crisis de beneficios en el negocio de motores de BBC era obvia: BBC tenía que racionalizar la producción de motores entre las filiales nacionales para explotar economías de escala para alinear sus costes con los de sus mayores competidores. Se desarrolló un plan en 1972: los motivos eran obvios para todos los directivos implicados.

Aun así, el plan nunca se ejecutó por completo[11]. Los mecanismos de cambio no llegaron nunca a apoyar por completo la evolución de adquisición de control por parte de la sede principal. Sólo los equipos de actividades comerciales y de producto, así como el personal de marketing de la empresa (en calidad de coordinador de exportación) apoyaron el cambio, y sólo se vieron afectadas directamente las orientaciones cognitiva y estratégica. Todos los otros mecanismos permanecieron sin cambios, reforzando de este modo el *status quo* y el poder de las gestiones nacionales.

Además, las orientaciones cognitiva y estratégica de la alta dirección de las filiales fueron perfiladas por las empresas más grandes, para las cuales la racionalización no era políticamente factible. Dado que el negocio de motores sólo contabilizaba en una pequeña parte del volumen de ventas, captó poca atención de la alta dirección en las filiales, y no se llegó a reconocer totalmente que se hallaba expuesta a una intensa competencia extranjera. A ojos de los directivos de las filiales los beneficios potenciales en el negocio de motores no eran suficientes para compensar la preocupación sobre el establecimiento de un precedente que invadiera su autonomía. (Además, los directivos se posicionaron en contra, considerando que el negocio de motores era inferior a los otros negocios, dado que algunas veces utilizaban la oferta de establecer una planta de ensamblaje de motores en países en desarrollo como base para obtener pedidos de exportación de grandes redes de energía eléctrica).

A pesar de que la sede principal reconoció claramente desde el principio que existían diferentes necesidades de una estrategia global dependiendo de si se trataba del negocio de motores o de otros negocios de BBC (en contraste con Corning donde los consultores tuvieron que elaborar detallados estudios para hacer inequívocas estas diferencias), esta distinción nunca se aplicó en el uso selectivo de los mecanismos administrativos. El coordinador del negocio de motores se enfrentó así a una situación imposible. Carecía del poder y de la autoridad necesarios para compensar la presión causada por el *status quo* creado por casi todos los demás mecanismos, en particular, el fuerte enfoque a favor de la autonomía nacional de todos los mecanismos de gestión de dirección. En 1977 la racionalización global no llegó a completarse habiendo contribuido poco a mejorar la posición competidora del negocio de motores a largo plazo.

Gamma. La situación de Gamma crea casi un paralelismo con la de Brown Boveri. Además de en los sectores en los que la implicación gubernamental es intensa, Gamma tiene actividad en muchos sectores donde la competitividad de precios es intensa, las economías de gran escala son significativas y el interés del gobierno receptor es relativamente bajo. Desde los años 60, cuando la empresa se organizó formalmente como matriz de producto en el país, se intentó, no sin gran dificultad, integrar la ingeniería y las actividades de fabricación europeas. Dichos intentos no fueron apoyados totalmente por los mecanismos de gestión de datos y mecanismos de gestión de gestores. Se habían desarrollado sofisticados enfoques para la gestión de datos y una gran burocracia en la sede principal, pero no se correspondían bien con las necesidades del negocio, particularmente en periodos de repentinas fluctuaciones de índices de cotización y ciclos de negocio.

No obstante, se anotó algún éxito. Aquellos negocios en los que la necesidad de una estrategia global era más ostensible fueron racionalizados en primer lugar, por ejemplo, los productos fabricados masivamente. Pero los directivos de las filiales se mostraban cada vez más reacios a medida que se racionalizaban más y más empresas. Los mecanismos de gestión de gestores permanecieron a favor de los países. Por ejemplo, ningún director de una gran filial habría considerado que liderar un grupo de producto a nivel mundial fuera a promocionar su carrera. El personal de las grandes corporaciones no compartía la estima incondicional de los directivos de las filiales nacionales.

El caso que puso a prueba a la Gamma Company fue la racionalización de la actividad comercial X (que estudiamos en profundidad). La resistencia que mostró la gestión de las filiales se vio reforzada por el creciente interés del gobierno receptor en X. La debilidad de los mecanismos de gestión de datos y la inclinación a favor del *status quo* de los mecanismos de gestión de dirección se hicieron evidentes en este caso, y la racionalización avanzó poco más de lo que lo había hecho en el pequeño negocio de motores de BBC.

La falta de éxito de BBC y Gamma ilustra dos puntos clave en la adquisición de control:

1. Es necesario que se reconozcan explícitamente las interdependencias existentes entre las actividades comerciales y las diferentes necesidades de estrategias centrales que tienen entre ellas. Igual de importante es que éstas se gestionen muy al principio cuando la sede principal intenta adquirir el control.
2. Probablemente, cualquier mecanismo que exista antes del cambio redundará a favor de la autonomía de la filial nacional. Algunos mecanismos robustos pueden llegar a ser muy difíciles de redireccionar con éxito al inicio de un proceso de cambio (ninguno de los procesos que hemos observado modificó de forma brusca los sistemas de recompensa y penalización). De todas formas, es necesario o bien aflojar estos mecanismos o bien reconocer su capacidad de impacto. Aquellos mecanismos de gestión de conflictos que son relativamente neutrales pueden representar un papel clave, pero no se puede confiar en ellos para efectuar cambios en mecanismos que muestran una fuerte inclinación (es decir, trayectorias profesionales).

En cuanto al proceso de cambio resumido en la figura 1, podemos decir que los mecanismos de coordinación de Brown Boveri y Gamma no fueron lo suficientemente fuertes como para compensar los fuertes mecanismos que no sufrieron cambios. Aunque el proceso nunca se puso en marcha realmente, debemos exceptuar las instancias limitadas, en las que el cambio que contemplamos sirvió al interés inmediato de la filial actuante (es decir, la empresa de Brown Boveri, que operaba en Suiza, pudo acabar con la producción de motores eléctricos), o de alguna manera aportó un sentimiento de unanimidad entre las filiales implicadas. Aunque se reconoció intelectualmente la necesidad de un posible cambio estratégico (paso 3 en la figura 1), este reconocimiento no fue trasladado a los cambios administrativos. Tan sólo los grandes cambios que normalmente se producen más tarde en el proceso (es decir, en el paso 7) podrían haber superado las dificultades. En ningún caso se realizaron tales cambios. Quizás se debió a la falta de implicación por parte de la alta dirección.

Tanto en BBC como en Gamma, la alta dirección era en su mayor parte colegiada, y los directivos de las filiales nacionales (con sus distritos nacionales) representaron un importante papel en la toma de decisiones de la empresa. Aunque reconocieron la necesidad de control por parte de la sede principal en algunos negocios, para ellos era difícil minar su propia base de poder y comprometer su legitimidad.

En otras palabras, no se dio una gestión fuerte e independiente por parte de la sede principal. La dirección de la sede principal apenas se distinguía del resto de los directivos nacionales. El poder que ostentaban los directivos de la «empresa» como individuos se dirigió desde los distritos nacionales.

Conclusión

El cambio estratégico, de estrategia nacional a estrategia global, sólo es efectivo si se logra efectuar la adquisición de control por parte de la sede principal sobre las operaciones de las filiales. La adquisición de control de éxito por parte de la sede principal implica cambios en las orientaciones estratégica y cognitiva de los gestores de las filiales. Cuando se comparten las percepciones que se tienen de una crisis, la propia crisis modifica las orientaciones cognitiva y estratégica. Los directivos de la sede principal disponen de un abanico de mecanismos para cambiar las orientaciones estratégica y cognitiva.

Una adquisición de éxito del control por parte de la sede principal, sobre una base continua, también requiere cambios en el equilibrio de poder existente entre la sede principal y las filiales. De alguna manera, los cambios ambientales que requieren el aumento de control por parte de la sede principal pueden disparar los cambios de poder: estos cambios pueden aumentar la importancia de la interdependencia entre las filiales o entre la sede principal y las filiales[12]. Éstos crean una necesidad sustancial de control por parte de la sede principal. Así, en casi todos los casos, los cambios de poder sólo se pueden efectuar cuando son considerados legítimos por la vasta mayoría de directivos implicados. Los cambios en las orientaciones cognitiva y estratégica crean legitimidad para el cambio. El cambio de poder, en los casos que hemos observado, no es un trauma repentino; se consigue mediante cambios de autoridad aparentes menores en la toma de decisiones específicas, comenzando con los cambios que las filiales aceptan más fácilmente.

No obstante, el proceso de cambio es vulnerable ante un análisis pobre de la necesidad de control sustantivo y ante una explicación inadecuada de la legitimidad del cambio. El fracaso en la creación de legitimidad puede ser el resultado de la falta de necesidad de control sustantivo, de la falta de un mecanismo de control, de un uso confuso de los mecanismos y de la falta de atención a los mecanismos existentes que contrarrestan a los nuevos. Esto no significa necesariamente que dadas estas faltas no pueda tener lugar cambio alguno, pero sí se hace imposible una adaptación intencional gestionada[13].

Más claramente, la necesidad de un control sustantivo (o la capacidad para conseguir dicho control dadas las condiciones del medio) varía entre las industrias del mismo modo que varía según la posición competitiva de una empresa dentro de su industria[14]. Estas diferencias, basadas en las características de la industria y en posiciones competitivas, hacen necesario distinguir atentamente las diversas actividades comerciales de una multinacional diversificada. También es necesario reconocer las diferencias que se dan en una misma actividad comercial dependiendo del país en la que ésta se lleve a cabo. En gran medida, las dificultades de Corning se remontan a un pobre entendimiento de la necesidad sustantiva del control por parte de la sede principal en base a la consideración individual de cada actividad comercial.

La pronta implicación de los directivos de las filiales en series de equipos de producto puede proporcionar un foro para explorar la necesidad de un control estratégico. Los directivos de Boveri, con su estructura centrada en numerosos equipos de actividades comerciales y de producto, pudieron entender estas diferencias. Corning no pudo realizar esto con credibilidad, contando tan sólo con un coordinador de área para todas las líneas de producto o con tres «coordinadores empresariales», cada uno a cargo de una amplísima línea de producto. Como consecuencia, los esfuerzos que se realizaron para adquirir el control no estaban estratégicamente justificados.

Una vez que se ha identificado la necesidad de control por parte de la sede principal, se deben construir mecanismos o se deben utilizar los mecanismos existentes, con el fin de apoyar la adquisición de control. IVECO tuvo que recurrir a un cambio estructural por haber carecido de dichos mecanismos. La necesidad de control por parte de la sede principal se identificó pronto y se llevaron a cabo acciones significativas (plan de racionalización). La implementación que siguió, fue facilitada inicialmente por las inversiones masivas que se realizaron. Aun así, tras los primeros esfuerzos satisfactorios, la falta de existencia de mecanismos claros dificultaron el cambio de poder.

En Corning y en IVECO, el uso confuso y poco preciso de los mecanismos existentes (es decir, contabilidad y procesos presupuestarios) complicaron aún más el proceso de cambio. La claridad en el uso de los mecanismos de gestión de datos es extremadamente importante. Los mecanismos de gestión de datos deben permitir una consideración exacta de una acción tanto desde la perspectiva de la sede principal como desde la perspectiva de las filiales. La poca precisión hace que casi todas las posiciones sean defendibles. La confusión atrae conflictos y juegos de poder. En ambas empresas el proceso de cambio no afectó suficientemente a las dimensiones de autoridad y poder y se recurrió a consultores para completar el cambio.

Finalmente, tanto en BBC como en Gamma se ignoraron los potentes mecanismos existentes, que tuvieron el efecto contrario al deseado. A pesar de la necesidad de control en BBC, en el caso de los pequeños motores, la carencia de diferenciación en los mecanismos de gestión de dirección imposibilitó el cambio. En suma, la comprensión intelectual de la estrategia (cambios en las orientaciones cognitiva y estratégica) no lleva a la acción. Para que se dé la acción, esta comprensión debe trasladarse a los mecanismos de gestión que cambian las relaciones de poder dentro de la empresa. Esto se puede conseguir por el impacto que ejerce la acumulación de redistribuciones menores de responsabilidad y autoridad, que, acumulativamente, cambian el patrón de las relaciones de dependencia dentro de la empresa. Como consecuencia de esto, para un directivo de una organización compleja no es excesivamente útil distinguir entre formulación de estrategia e implementación de estrategia. Lo que se puede realizar organizativamente establece los límites de lo que es factible como estrategia.

Apéndice

Metodología de investigación

El proyecto de investigación sobre el que se basaron este artículo y su artículo complementario, duró un total de seis años. En 1974, siguiendo el estudio piloto de materiales diversificados y empresas químicas, se estudió con detalle una pequeña muestra de empresas que estaban en proceso de cambio de filial autónoma a control de sede central y estrategia centralizada. Estas empresas fueron: L. M. Ericsson, Brown Boveri & Cie., General Telephone and Electronics, General Motors, Gamma (MNC europea diversificada con nombre ficticio), Nipón (multinacional japonesa con nombre ficticio), Ford Motor Co., Corning Glass Works, IVECO, Alcan y Massey Ferguson. Algunas de estas empresas fueron estudiadas por doctorandos. La evolución de cada empresa se documentó mediante documentos internos de la empresa y entrevistas con los ejecutivos implicados en la sede principal y en las filiales. Las entrevistas fueron entre 20 y 60 por empresa. En algunos casos, como los de GM, IVECO o Corning los acontecimientos se fueron siguiendo a medida que se sucedían ya que los investigadores se implicaron en el estudio antes de que el cambio se completara.

Las descripciones detalladas de las diversas evoluciones se anotaron y revisaron con los gestores en la empresa para que fuesen exactas y completas. Algunas de estas descripciones se han publicado como caso, otras lo serán cuando las emita la empresa.

A partir de estas descripciones se desarrollaron protocolos

cronológicos identificando las secuencias y el momento en el que se utilizaron los mecanismos de gestión, las intenciones por las que se utilizaron y los resultados obtenidos. A su vez, las proposiciones generales presentadas en estos artículos son las conceptualizaciones que los investigadores han extraído a partir de los datos estructurales contenidos en los protocolos y en las descripciones de la empresa.

Referencias

1. Ver:

L.G. Franko, *The European Multinationals* (London: Harper &Row, 1976).

P. J. Buckley y R. I. Pearce «Overseas Production and Exporting by the World's Largest Enterprises– A Study in Sourcing Policy», *International Investment*, septiembre 1977.

N. Owen, «Scale Economies in the EEC: An Approach Based on Intra EEC Trade», *European Economic Review*, febrero 1976. pp 143-163.

2. Ver:

C.K. Prahalad y L. Doz «Strategic Control: The Dilemma of Headquarter-Subsidiary Relationships» (conferencia preparada para el simposio International Research Symposium on Headquarters-Subsidiary Relationships in Transnational Corporations, Stockholm School of Economics, 2-4 de junio, 1980).

3. Éste es un tema crítico. Para muchas empresas multinacionales, es extremadamente difícil alcanzar de una sola vez un compromiso en una dirección estratégica. Además, los mecanismos que aumentan la capacidad de la organización para solucionar con flexibilidad las necesidades que entran en conflicto durante la implantación de una estrategia de una empresa multinacional son extremadamente importantes. Se presenta un análisis de estos aspectos en el artículo que acompaña. Ver C. K. Prahalad e Y. L. Doz «An Approach to Strategic Control in MNC's», *Sloan Ma-*

nagement Review, verano 1981, pp.5-13. Ver también Y. L. Doz, *Multinational Strategic Management: Economic and Political Imperatives* (por publicar), cap. 11 en concreto.

4. Dos de las empresas estudiadas han optado por el anonimato y se les ha denominado Delta y Gamma; la identidad del resto de empresas no es ficticia. Se hará en el texto referencia a detalladas descripciones o análisis de estas empresas (publicadas en alguna otra parte) para que el lector pueda disponer de un conocimiento más profundo del proceso y estar seguro o segura de que nuestros resúmenes se corresponden con los datos detallados.

5. Para ver con más detalle datos sobre Delta, ver, C. K. Prahalad, «The Strategic Process in a Diversified Multinacional Corporation» (disertación doctoral no publicada, Harvard University, 1975).

Para datos detallados sobre General Motors, ver, Y. L. Doz, «Strategic and Organizational Changes in International Automobile Manufacturers» en *The Incidence of the External Environment on the Global Automotive Industry,* P. Friedenson, ed (Cambridge, England: Cambridge University Press, próximamente); ver también Y. L. Doz, *General Motors' Overseas Operations-Europe* (ICCH, próximamente).

6. Para la descripción de IVECO ver «Strategic and Organizational Changes in International Automobile Manufacturers».

Para una descripción de Corning Glass, ver C. A. Bartlett y M. Y. Yoshio, *Corning Glass Works International* (A) (ICCH # 9-379-051).

7. Para un informe detallado sobre una situación muy similar, ver M. Beer y S. M. Davis, «Creating a Global Organization: Failures along the Way», *Columbia Journal of World Business,* verano 1978.

Para debatir algunos de los temas relacionados con la imposición de coordinadores, ver Y. L. Doz, *GTE's International Division* (ICCH # 2-379-061).

8. Para una descripción de acontecimientos posteriores en Corning, ver C. A. Bartlett y M. Y. Yoshino, *Corning Glass Works International* (B), (C) y (D) (ICCH #s 9-379-052-4).

9. Para una descripción más detallada de la evolución de IVECO, ver Y. L. Doz, «IVECO (A) y (B)» (INSEAD casos mimeografiados, próximamente).

10. Para un análisis de las operaciones de Brown Boveri ver, Y. L. Doz, *Government Control and Multinational Strategic Management* (New York: Praeger, 1979), cap. 8.

11. Ver Y. L. Doz, *Brown Boveri &Cie* (ICHH # 4-378-115).

12. D. J. Hickson et al. «A Strategic Contingencies' Theory of Intraorganizational Power», *Administrative Science Quarterly* (1971): 216-229.

G.R. Salancick y J. Pfeffer; «Who Gets Power and How They Hold on to it: A Strategic Contingency Model of Power», en *Organizational Dynamics,* invierno 1977, pp. 3-21.

J. Pfeffer, *Poewer in Organization* (Marshfield, MA: Pitman, próximamente).

13. Existen otras publicaciones que muestran ejemplos acerca de procesos de cambio de adaptación que tuvieron lugar de «abajo-arriba» que no fueron gestionados. Ver, por ejemplo, P. Mathias, «The Role of Logistics System Strategic Change: The Case of the Multinational Corporation» (disertación doctoral no publicada, Harvard Graduate School of Business Administration, 1978).

14. Para debatir estos puntos, ver Y. L. Doz, «Strategic Management in Multinational Companies,» *Sloan Management Review*, invierno 1980, pp 27-46.

La lógica dominante: un nuevo vínculo entre la diversidad y el rendimiento

C.K PRAHALAD* Y RICHARD A. BETTIS**

Resumen

Las investigaciones actuales ofrecen explicaciones alternativas al «vínculo» existente entre el patrón de diversificación y de rendimiento. Se pueden identificar, al menos, 4 vías de investigación. Ninguna de ellas puede ser considerada como una teoría fiable de predicción de una diversificación satisfactoria. En el mejor de los casos, se trataría de explicaciones parciales. El fin de este documento es el de proponer un «vínculo» adicional, conceptual en este estadio, que nos pueda ayudar a comprender la conexión crucial existente entre diversidad y rendimiento. El argumento conceptual debe entenderse más bien como «complemento» a las líneas actuales de investigación y no tanto como una explicación alternativa.

* Graduate School of Business Administration, Universidad de Michigan, Ann Arbor, Michigan, Estados Unidos.

** Edwin L. Cox School of Business, Southern Methodist University, Dallas, Tejas, Estados Unidos.

Durante los últimos 35 años la diversificación producto-mercado de las grandes empresas ha continuado avanzando a un ritmo veloz. Actualmente, más de dos tercios de las empresas *Fortune 500* de Estados Unidos cuentan con una alta diversificación y en Europa Occidental y Japón también existen patrones similares de diversificación (Rumelt, 1974; Pavan, 1972; Thanheiser, 1972; Pooley, 1972; Channon, 1973; Suzuki, 1980). Como consecuencia de esto, el interés acerca de la relación existente entre la diversificación corporativa y el rendimiento financiero ha aumentado entre los profesionales, los académicos y los políticos.

Este interés ha venido acompañado de un aluvión de investigaciones llevadas a cabo por la comunidad académica acerca de los patrones de diversificación y los factores determinantes de rendimiento de las empresas diversificadas.

Al mismo tiempo, las consultoras han estado promocionando de forma activa gran variedad de enfoques para gestionar empresas diversificadas. Los resultados de estos esfuerzos se han conjugado de la mejor manera posible. De momento, no existe una teoría general que vincule diversificación y rendimiento y el vínculo, en caso de existir alguno, continúa mostrándose esquivo y difícil de aprehender.

El fin de este escrito es proponer la existencia de un vínculo crucial, que ha sido hasta ahora ignorado por la bibliografía existente sobre diversificación y rendimiento; y demostrar cómo este enfoque puede realizar una aportación significativa a la forma que tenemos de entender la gestión del rendimiento de la empresa diversificada.

El vínculo se ha denominado «lógica de gestión general dominante» (o lógica dominante) y está compuesto por los mapas mentales desarrollados mediante la experiencia obtenida de la actividad comercial principal, que a veces se aplica erróneamente a otras actividades comerciales.

Breve resumen de las investigaciones realizadas sobre diversidad y rendimiento

Esta sección presenta un breve resumen de las líneas más importantes de investigación académica y del marco consultivo relativo a las relaciones existentes entre diversidad y rendimiento. Éstas representan diversos enfoques alternativos de investigación en esta área. Aunque existe bibliografía importante que apoya cada una de las líneas de investigación que bosquejaremos a continuación, nosotros nombraremos y debatiremos únicamente las obras fundamentales de cada área.

La estrategia de diversificación

Las obras pioneras de Chandler (1962) y de Ansoff (1965) establecieron las razones que motivaban la diversificación y la naturaleza general de la empresa diversificada. Wrigley (1970) refinó y amplió el estudio de Chandler investigando las diferentes opciones que, como puertas, se abrían a la empresa diversificada. A partir de la obra de Chandler, de Wrigley, y de otros, Rumelt (1974, 1977) investigó la relación entre estrategia de diversificación, estructura organizativa y rendimiento financiero. Rumelt utilizó 4 categorías mayores y 9 categorías menores para describir la estrategia de diversificación de las empresas. Las grandes categorías fueron: actividad comercial única, actividad comercial dominante, actividad comercial relacionada y actividad comercial no relacionada. Estas categorías presentaban un amplio espectro de estrategias de diversificación –desde empresas que en esencia mantenían la no diversificación hasta empresas que diversificaron significativamente sus actividades a áreas no relacionadas. Utilizando métodos estadísticos, Rumelt consiguió relacionar la estrategia de diversificación con el rendimiento. Se comprobó que las estrategias de diversificación relacionada limitadas de forma relacionada y vinculadas de forma relacionada (por ejemplo General Foods y General Electric) dieron mayores beneficios de media que otras estrategias de diversificación (la capacidad relacional se definió en términos de productos, mercados y tecnología). (En el caso de las empresas limitadas de forma relacionada las actividades comerciales que la componen están relacionadas entre sí, mientras que en las empresas vinculadas de forma relacionada sólo se requieren relaciones de uno a uno). En cambio, la estrategia conglomerada no relacionada obtuvo uno de los rendimientos más bajos de la media.

Recientemente, Nathanson y Cassano (1982) realizaron un estudio estadístico sobre diversidad y rendimiento en el que participaron 206 empresas durante los años 1973 a 1978. Desarrollaron una tipología bidimensional (diversidad de mercado y diversidad de producto) para delimitar la estrategia de diversificación, algo que perfeccionó las categorías de Rumelt. Descubrieron que (en la media) las cifras se reducían a medida que aumentaba la diversificación de producto, mientras que las cifras se mantenían relativamente estables, a medida que la diversidad de mercado aumentaba. Sin embargo, también descubrieron que el tamaño empresarial también representa un papel moderador importante en este tipo de relaciones. En las categorías de no diversificación y en las categorías clasificadas como de muy alta diversificación, la situación de las empresas más pequeñas resultó ser mejor que la de las empresas más grandes, tanto en diversidad de mercado como en diversidad de producto. En cambio, en las categorías intermedias, aquellas que se caracterizan por tener niveles intermedios de diversificación, la situación era la contraria: la situación de las empresas grandes era significativamente mejor que la de las empresas pequeñas.

En los dos estudios que relacionan diversificación y rendimiento (Rumelt y Nathanson/Cassano) el punto clave es que *elegir la estrategia genérica de diversificación (qué cantidad y qué tipo de capacidad relacional)* es la clave para conseguir rendimiento.

Características económicas de la actividad comercial individual

Porter (1980), entre otros, estableció que las características de los diferentes sectores en los que participa una empresa y la posición de las actividades comerciales de dicha empresa en dichos sectores, influye en el rendimiento general de la empresa.

De hecho, existen dos estudios que han validado de forma empírica la existencia de dichas influencias en las empresas diversificadas. El programa PIMS del Marketing Science Institute (ver Schoeffler, Buzzell y Heany, 1974, a modo de introducción), sobre el que se ha debatido ampliamente, ha demostrado que ciertas variables como son la cuota de mercado y la calidad relativa del producto influyen directamente en la rentabilidad de las actividades comerciales que componen las grandes empresas diversificadas. Posteriormente, Montgomery (1979) examinó las diferencias de rendimiento existentes en las empresas diversificadas utilizando las variables de estructura de mercado de la economía de organización sectorial. Montgomery descubrió que las empresas diversificadas que contaban con niveles de rendimiento más altos, tendían a poseer actividades comerciales bien posicionadas en sectores que contaban con una estructura de mercado «favorable».

En resumen, ambos estudios (PIMS y Montgomery) afirman que *la estructura del sector en el que la empresa com-*

pite y la posición competitiva de la actividad comercial de la empresa en dichos sectores son los factores clave que determinan el rendimiento.

Conceptos de cartera

Lo que aquí denominamos «conceptos de cartera» también se conocen como cuadrícula de carteras, conceptos SBU y matrices SBU. A pesar de existir numerosas variaciones leves entre los distintos enfoques que realizan diversas consultoras y empresas sobre el tema, todas descansan en una matriz o cuadrícula con dos ejes. La matriz clasifica la actividad comercial por capacidad de atracción del producto-mercado, o alguna variante de la misma, en uno de sus ejes y por posición competitiva o alguna variante de la misma en el otro eje. Normalmente esta matriz se divide en 4 o en 9 casillas. (Para ver con más detenimiento dirigirse a Hofer y Schendel 1978). La posición (casilla) que ocupa cada actividad comercial representa su posición estratégica y determina el papel que la actividad comercial debería representar en la cartera corporativa. Este papel comprende un mayor o menor grado de generación de efectivo o utilización de efectivo. Los estudios realizados por Bettis (1979) y Haspeslagh (1982) sugieren que los directivos empresariales utilizan estos conceptos –como herramienta o como dogma– para obtener un mayor o menor grado a la hora de gestionar una cartera de actividades comerciales diversas.

Los puntos clave de cada variante del concepto de cartera son: *(1) la posición estratégica de cada actividad comercial determina sus características de liquidez; y (2) el «balance» de las características de liquidez de todo el conjunto de actividades comerciales de la empresa diversificada es el que determina el rendimiento general de la misma.*

Etcétera

Además de las vías de investigación mencionadas con anterioridad, recientemente ha aparecido un número de estudios centrados en el rendimiento de las grandes empresas, realizados por investigadores relacionados con la teoría de organización y motivación humana. Son representativos de esta línea de investigación Peters y Waterman (1982), Deal y Kennedy (1982), Pascale y Athos (1981) y Ouchi (1981). Aunque estos estudios no consideran de forma explícita los problemas de gestión de la diversidad, a menudo contienen recomendaciones implícitas sobre el tema, a pesar de que la naturaleza de éstas varía bastante. (Por ejemplo, Peters y Waterman sugieren que las «empresas excelentes» confinan sus operaciones a aquellas actividades comerciales que conocen o dicho de otra manera son empresas que «mantienen un rumbo fijo»).

Las tres líneas de investigación conducen a conclusiones un tanto diferentes. Para resumir, el vínculo entre diversidad y rendimiento sería una función de:

1. la estrategia de diversificación genérica (qué cantidad y qué tipo de capacidad relacional) o
2. el potencial de beneficios de los sectores en los que se posicionan las actividades comerciales individuales y la posición competitiva real de la actividad comercial en cada uno de los sectores, o
3. las características de liquidez de las diferentes actividades comerciales y el balance de liquidez interna de la totalidad de la empresa.

Indudablemente, estas tres perspectivas *aportan respuestas parciales* a la cuestión. La parcialidad de estas tres respuestas se vuelve más obvia si tenemos en cuenta que Rumelt (1974) llegó tan sólo a explicar menos de un 20% de la varianza del rendimiento, mientras que Montgomery sólo pudo explicar alrededor de un 38% de la varianza del rendimiento. Estos resultados sugieren que ampliando este desarrollo conceptual podremos reforzar el entendimiento acerca de la diversidad y el rendimiento.

La importancia de la «calidad de la gestión»

Bettis, Hall y Prahalad (1978) han argumentado que si nos alejamos de los puntos de interés de investigación tradicionales que estudian las tendencias centrales y nos concentramos en las tendencias periféricas, es decir, en las empresas que se encuentran en las antípodas del rendimiento, tanto muy alto como muy pobre, aprenderemos más acerca de este vínculo escurridizo que une diversidad y rendimiento. Estas personas estudiaron 12 empresas, 6 de alto rendimiento y 6 de bajo rendimiento ensartándolas en las tres categorías genéricas de diversificación dominante, diversificación relacionada y diversificación no relacionada (a cada una de las categorías se le asignó una muestra de 4 empresas, 2 de alto rendimiento y 2 de bajo rendimiento) y llegaron a la siguiente conclusión: a la hora de explicar el rendimiento, la calidad de la gestión es un factor tan crítico como cualquier otro. (Se debe advertir que su definición de calidad es un tanto ambigua). Su estudio no se basó en una muestra amplia (por definición no podría haber sido así, ya que pretendían estudiar las empresas periféricas) y las conclusiones a las que llegaron fueron provisionales. (En un estudio mucho más amplio, Bettis y Mahajan pudieron demostrar que los atributos de alto rendimiento que normalmente se atribuyen a la diversificación relacionada *no* eran reconocidos por la gran mayoría de empresas de diversificación relacionada). El auténtico estímulo que el estudio aportó a la perspectiva académica sobre diversidad y rendimiento fue que se centrara en empresas con rendimiento muy alto y muy bajo estudiándolas dentro de la misma categoría de diversificación genérica –o el deseo de estudiar las empresas periféricas– así como la inclusión del concepto *«calidad de gestión»* como una variable importante que vincula diversidad y rendimiento.

Alta gestión en una empresa diversificada: ¿una técnica diferente?

Dos estudios analíticos realizados en profundidad sugieren que las técnicas que constituyen la «calidad de la gestión» de una empresa con una actividad empresarial única difieren de las de la empresa diversificada; y que a medida que las empresas se diversifican, los altos directivos deben adquirir las capacidades que les permitan manejar dichas técnicas. Rajan Das (1981) estudió el intento de diversificación de una empresa a partir de su actividad comercial principal (tabaco) y cómo esta empresa tuvo que aprender el proceso de gestión general de la nueva actividad comercial en la que se había aventurado. La conclusión fue que lo que determinó los éxitos y fracasos posteriores no fue la calidad de la actividad comercial –su estructura competitiva– o el patrón de diversificación en sí, sino la evolución de la alta gestión y su habilidad para adquirir nuevas capacidades y para reconocer que el enfoque de gestión necesario para dirigir una empresa diversificada no podía ser el mismo que habían utilizado para gestionar una empresa con una actividad comercial única. El estudio realizado por Miles (1982) sobre empresas tabacaleras llegó a conclusiones similares. Las empresas *tuvieron que aprender tanto acerca de la gestión general de una empresa diversificada, entendiéndola como un proceso distinto y unas capacidades distintas*, como acerca de las características de la nueva actividad comercial. Ambos estudios indican que la labor propia de la alta gestión en una empresa diversificada es una técnica o capacidad distinta que puede contribuir al éxito o al fracaso de una de las actividades comerciales de la empresa o de la empresa en su totalidad.

La gestión de una empresa diversificada

No abundan los estudios acerca de la labor que desempeña la alta gestión en la empresa diversificada y de los procesos correspondientes a la misma. Bower (1972a) demostró que los altos directivos, al orquestar la estructura y los sistemas formales de la empresa, es decir, el contexto organizativo, influyen en las decisiones estratégicas que realizan los responsables de los niveles inferiores de gestión. En otras palabras, el carácter de las herramientas utilizadas por la alta gestión es administrativo. Bower acuñó el termino «metagestión» (Bower, 1972b) para describir el trabajo realizado por los altos directivos en las empresas diversificadas. Hamermesh (1977) describió el proceso mediante el que los altos directivos intervienen cuando la rentabilidad de un departamento entra en crisis. Prahalad y Doz (1981) describieron, en detalle, cómo los altos directivos pueden utilizar las herramientas administrativas para modificar la dirección estratégica de una actividad comercial. Esta línea de investigación determinó la amplitud del espectro de la labor del alto directivo y también, y esto es lo más importante, cómo dicha labor influye en las decisiones estratégicas tomadas por los directores de nivel inferior que gestionaban la unidad de la actividad comercial, impactando de esta forma en el rendimiento general. La existencia de un vínculo lógico entre la calidad de gestión –o la calidad de los procesos que utilizan los altos directivos para influir en el trabajo que desempeñan los responsables de cada actividad comercial– y el rendimiento de la empresa sólo se ha comprobado empíricamente de forma parcial.

Las dos preguntas que nos planteamos a nosotros mismos en base a la bibliografía existente son:

1. ¿Si los altos cargos directivos de las empresas con una única actividad comercial tuvieron que aprender el proceso de gestión de una cartera diversificada, *deberían los altos cargos directivos de las empresas diversificadas someterse a un proceso de aprendizaje similar al añadir nuevas actividades comerciales a la cartera?* ¿Depende la tarea de la alta gestión en la empresa diversificada de, o está al menos parcialmente *influenciada por, las características estratégicas subyacentes* de las actividades económicas?
2. Si las herramientas de las que disponen los altos cargos directivos en las empresas diversificadas para influir en la dirección de las actividades comerciales son en esencia, administrativas, en lo que se refiere al contexto organizativo, ¿se deduce de ello que la sustancia de las actividades comerciales es irrelevante? En otras palabras, ¿en caso de que el conjunto de actividades comerciales de una empresa cambie, bastará con mantener las mismas capacidades conceptuales de gestión del contexto organizativo?

El vínculo esquivo

Antes de proseguir es importante diferenciar al menos, entre dos niveles distintos de gestión general en la empresa diversificada: la que se da en el SBU y la que corresponde al equipo corporativo de gestión. A menudo, en una empresa diversificada, tiende a existir un cargo intermedio de gestión general, denominado responsable de sector o de grupo que se encuentra situado entre el cargo a nivel de actividad comercial y la alta gestión corporativa. Nosotros nos centraremos en el *equipo corporativo de gestión* y en sus relaciones con los responsables de la actividad económica y con los responsables de grupo, ya que éste concierne a la gestión de la totalidad de la empresa.

Una vez centrados en la gestión corporativa, el marco conceptual propuesto en este texto que vincula diversidad y rendimiento se basa en las siguientes premisas:

1. La alta gestión de una empresa (diversificada) no debe verse como un «ente sin cara», sino como un «conjunto de individuos clave» (es decir, una coalición dominante) que tienen una influencia significativa a la hora de determinar la forma de gestionar la empresa. Este conjunto de individuos influencia en gran medida el estilo y los procesos de gestión y como resultado de ello también influyen en las decisiones de distribución de recursos clave (Donaldson y Lorsch, 1983).

Estos directivos (o cualquier directivo ya que cada uno es único y requeriría un estudio sistemático), escasa vez abordan acontecimientos organizativos. En vez de eso, prefieren procesarlos mediante sistemas de conocimiento preexistentes. Conocidos como esquemas (ver Norman 1976 para obtener una visión más amplia acerca del tema esquemas), estos sistemas representan las creencias, teorías y propósitos que han ido desarrollándose a lo largo del tiempo en base a las experiencias personales de los directivos. En un análisis más general, Huff (1982) llegó a plantear la posibilidad de poder caracterizar las acciones organizativas como esquemas.

Un esquema organizativo es básicamente un producto de las interpretaciones que los directivos realizan de las experiencias que recolectaron al gestionar determinadas empresas o sectores.

Los esquemas permiten a los directivos clasificar un acontecimiento, evaluar sus consecuencias y considerar las acciones adecuadas (incluyendo el no hacer nada) y además hacerlo de forma rápida y a menudo eficientemente.

Sin los esquemas, un directivo, y en última instancia la organización a la que él o ella estén asociados, se paralizaría debido a la necesidad que surgiría de analizar «científicamente» un número gigantesco de situaciones ambiguas e inciertas. En otras palabras, los directivos deben ser capaces de escanear los entornos de forma selectiva para que las decisiones se puedan tomar a tiempo (Hambrick 1982). La selección de los elementos del entorno a escanear tiende a verse afectada por el esquema del directivo.

Desgraciadamente, los esquemas no son guías infalibles para la organización y sus entornos. De hecho, algunos esquemas son representaciones bastante imprecisas del mundo, en especial cuando las condiciones cambian. Además, los acontecimientos no se clasifican de manera exacta y a veces son procesados mediante estructuras de conocimiento imprecisas y/o incompletas.

A objeto de esta investigación es importante entender en qué consisten realmente los esquemas de los directivos. Kiesler y Sproul (1982) se muestran concisos al ofrecer la siguiente descripción:

> Los directivos trabajan en base a representaciones mentales del mundo y dichas representaciones tienden a componerse de entornos históricos más que de entornos actuales.

(Es más, tal y como argumenta Weick (1979) el concepto de esquema funciona como vehículo de su concepto de construcción (o ley) social de un entorno empresarial).

Para el fin de nuestra investigación, el concepto de esquema se presenta como una estructura mental general que puede almacenar una lógica compartida de gestión general dominante. (La naturaleza y el contenido específicos de dicha «lógica» se define más adelante).

2. Las características estratégicas de las actividades comerciales de una empresa diversificada varían dependiendo de la estructura competitiva subyacente, la tecnología y los clientes de las actividades comerciales específicas. Las diferencias existentes en las características estratégicas de las actividades comerciales de la cartera de la empresa, una medida de *variedad estratégica*, influyen en la capacidad de gestión del equipo corporativo. Esta premisa implica que la complejidad del proceso de la alta gestión *es una función de la variedad estratégica, y no una función que depende únicamente del número de actividades comerciales o del tamaño de las mismas.* Por ejemplo, la gestión de una gran empresa dedicada básicamente a un único sector (por ejemplo General Motors) o la gestión de una empresa diversificada en actividades comerciales de estrategia similar (por ejemplo Procter & Gamble) es mucho más sencilla que la gestión de una empresa diversificada en sectores distintos (por ejemplo General Electric).

3. Las actividades comerciales de estrategia similar pueden gestionarse utilizando una única *lógica de gestión general dominante*. Una lógica de gestión general dominante se define como la manera en la que los directivos conceptualizan la actividad comercial y toman decisiones sobre distribución de recursos –ya sean en tecnología, desarrollo de productos, suministro, publicidad o en gestión de recursos humanos. Estas labores se desarrollan gestionando la infraestructura de herramientas administrativas tales como son la elección de individuos clave, procesos de planificación, presupuestos, control, remuneraciones, gestión de carreras profesionales y

estructura organizativa. En caso de que las actividades comerciales de una empresa diversificada fueran similares estratégicamente, bastaría con una lógica de gestión general dominante. Sin embargo, ante las empresas diversificadas con variedad estratégica se impone la necesidad de contar con múltiples lógicas dominantes.

La lógica dominante se almacena mediante esquemas y por lo tanto puede llegar a considerarse una estructura. Sin embargo, algo de lo que se almacena es conocimiento del proceso (por ejemplo: ¿qué tipo de proceso debería utilizarse en una decisión de paliación de recursos de tipo particular? O ¿cómo deben evaluarse nuevas tecnologías?). Por lo tanto y ampliando la mira, la lógica dominante puede ser considerada tanto una estructura de conocimiento como un conjunto de procesos de gestión aprendidos. (El contenido real de esta estructura de conocimiento y la forma en la que se establece este contexto se describe a continuación).

4. La capacidad de un grupo de alta gestión (un grupo formado por individuos clave) para gestionar una empresa diversificada está limitada por la(s) lógica(s) de gestión general dominante que acostumbran a utilizar. En otras palabras, el abanico de herramientas que los altos cargos directivos utilizan para identificar, definir y tomar decisiones estratégicas y su visión del mundo (conjuntos mentales) están determinados por sus experiencias. Normalmente, la lógica de alta gestión dominante de una empresa diversificada tiende a estar influida por la mayor actividad comercial o la «actividad principal» de la misma, que es la base histórica del crecimiento de la empresa (por ejemplo los semiconductores en el caso de Texas Instruments y conmutaciones públicas y teléfonos en el caso de GTE). Las características de la actividad comercial principal, que suelen ser la fuente de la que beben los altos directivos de las empresas diversificadas, tienden a obligar a los directivos a definir los problemas de determina-

Figura 1 La lógica de gestión general dominante evoluciona debido a...

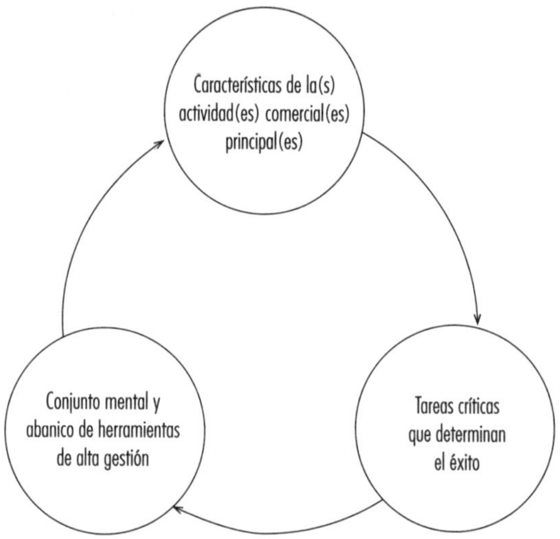

das maneras y a desarrollar familiaridad con y facilidad en el uso de aquellas herramientas administrativas que resultan ser especialmente útiles al abordar las tareas críticas propias de la actividad comercial principal (figura 1).

Las fuentes de la lógica dominante

Tal y como la hemos definido aquí, la lógica dominante es un conjunto mental o una visión del mundo o una conceptualización de la actividad comercial y de las herramientas administrativas que sirven para alcanzar objetivos y tomar decisiones relativas a dicha actividad comercial. Esta lógica dominante es almacenada por la coalición dominante como un mapa cognitivo compartido (o un conjunto de esquemas). Se puede definir como un comportamiento aprendido de resolución de problemas. Como tal, para poder comprender las dificultades a las que se enfrenta el grupo de altos cargos directivos a la hora de modificar la lógica dominante, necesitamos examinar primero las líneas de investigación que tratan con la elaboración y el desarrollo de los mapas cognitivos y con el comportamiento de resolución de problemas asociado. Hemos identificado 4 líneas de investigación –condicionamiento operante, paradigmas, enfoque cognitivo e inteligencia artificial– para subrayar el proceso mediante el que evoluciona la lógica dominante (por ejemplo hacia dónde se orienta y cómo se modifica el mapa cognitivo), así como las dificultades que existen a la hora de modificarlo o de añadir nuevas lógicas al repertorio propio. La relación existente entre estas tres líneas del comportamiento de resolución de problemas se describe en la figura 2.

Figura 2 **Fundamentos conceptuales de la lógica dominante**

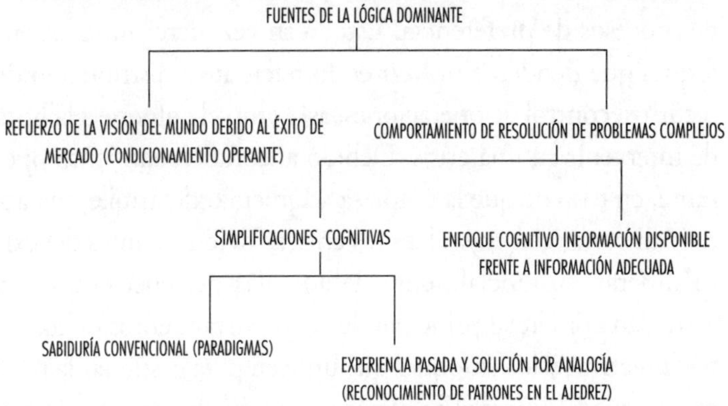

Condicionamiento operante

En la obra fundamental de Skinner (1953) sobre comportamiento operante, éste argumentó que el comportamiento es una función de sus consecuencias. El comportamiento podía entenderse teniendo en consideración las contingencias administradas por el entorno como respuesta a determinados comportamientos. El comportamiento que se *reforzaba* se emitía más frecuentemente en el futuro. Por el contrario, el comportamiento que se ignoraba o se castigaba (refuerzo negativo) tendía a disminuir a lo largo del tiempo. Una lógica dominante puede entenderse como un resultado del refuerzo resultante del hecho de realizar las «cosas adecuadas» en relación a un conjunto de actividades comerciales. En otras palabras, cuando los altos cargos directivos realizan de manera efectiva las labores que son críticas a la hora de determinar el éxito de la actividad comercial principal, se ven reforzados de forma positiva por el éxito económico. Este refuerzo tiene como resultado el hecho de que éstos concentren sus esfuerzos en aquellos comportamientos que conducen al éxito. De esta manera acaban desarrollando un conjunto mental particular y un abanico de herramientas y de procesos de preferencia. Esto, a su vez, determina los enfoques que tienden a utilizar en lo referente a distribución de recursos, control de operaciones, así como el enfoque a la hora de intervenir en una crisis. Debido al condicionamiento operante, en caso de que la empresa adquiera o desarrolle una actividad comercial cuyas labores críticas determinantes del éxito difieran sustancialmente de aquellas pertenecientes a la actividad comercial principal, los comportamientos de los altos directivos y los enfoques que utilicen para gestionar la nueva actividad comercial tenderán a ser aquellos que resultaron ser adecuados para gestionar la actividad comercial principal, a pesar de que la aplicación de los mismos a la nueva actividad pueda resultar inapropiada. En otras palabras, a un grupo de alta gestión le resulta difícil gestionar eficazmente una nueva actividad comercial aprendiendo y utilizando una nueva lógica dominante en poco tiempo. El problema al que se enfrentaron American Can (ejemplo Pickwick International) y Exxon (por ejemplo sistemas de oficinas) a la hora de gestionar las adquisiciones que realizaron de actividades comerciales totalmente distintas a su actividad principal ilustran muy bien el poder que tiene el condicionamiento operante sobre las lógicas dominantes utilizadas por la alta gestión.

El poder de los paradigmas

El concepto de la lógica dominante bebe directamente de la obra de Kuhn (1970) sobre los paradigmas científicos y de la obra de Allison (1971) sobre la importancia de los paradigmas alternativos en el contexto del análisis de las acciones gubernamentales que se dieron durante la crisis de los misiles de Cuba.

Kuhn, un historiador de la ciencia, argumentó que una ciencia particular en cualquier momento de la historia puede caracterizarse por un conjunto de «creencias compartidas» o «sabiduría convencional» acerca del mundo que constituyen lo que el llamó «el paradigma dominante». Lo que Kuhn denomina «ciencia normal» se desarrolla de forma eficaz en torno a dicho conjunto de creencias compartidas. En cierto modo, el «paradigma» de Kuhn es una forma sencilla de *definir y gestionar el mundo así como una base de actuación en dicho mundo*. Kuhn apunta lo complicado que resulta modificar los paradigmas existentes e ilustra esta afirmación con varios ejemplos como el cambio que vivió la astronomía al pasar de la visión tolemaica del universo (la Tierra es el centro) a la visión copernicana del universo (el Sol es el centro). La analogía existente entre ciencia y una empresa de negocios es simple y directa. El paradigma dominante y la lógica dominante son similares conceptualmente pero se emplean en campos diferentes.

Allison utilizó el análisis paradigmático para demostrar cómo la adopción de un paradigma determinado afecta en gran medida a la valoración que hacemos sobre los acontecimientos. Allison definió paradigma como «la afirmación sistemática de las suposiciones, conceptos y proposiciones básicas que utiliza una escuela de análisis». La elección de distintos paradigmas resultó en análisis absolutamente distintos del ejemplo que seleccionó: La crisis de los misiles de Cuba. El paralelismo existente entre el uso que Allison dio a la palabra paradigma y el uso que damos nosotros a la lógica dominante es obvio.

El proceso de reconocimiento de patrones

El desarrollo de programas informáticos «inteligentes» ha suscitado gran interés en desarrollar programas de ajedrez (ver Newell y Simon, 1972). Esta investigación ha requerido inevitablemente la realización de concienzudos estudios acerca de cómo los expertos en ajedrez toman decisiones durante una partida de ajedrez. En particular, el proceso de toma de decisiones y de resolución de problemas que utilizan los grandes maestros y los maestros del ajedrez se ha comparado a los de los jugadores inferiores (de Groot, 1965). Estos estudios han demostrado que los mejores jugadores son capaces de recordar más «patrones» de partidas anteriores que los jugadores inferiores. Simon (1979) estimó que los jugadores de clase A podían recordar alrededor de 1.300 patrones familiares mientras que los maestros o grandes maestros recordaban alrededor de 50.000. Este «vocabulario» de partidas pasadas permite a los jugadores tomar decisiones eficaces realizando comparaciones con partidas pasadas. En otras palabras, los jugadores de ajedrez deciden en base a la experiencia pasada o a «aquello que funcionó anteriormente», no en base a la mejor estrategia o a un procedimiento de optimización. Ahora imaginemos una situación en la que se modifique el diseño del tablero de ajedrez o de las normas que rigen el juego. El «vocabulario» almacenado de las partidas pasadas ya no resulta tan útil ante el nuevo juego. De forma similar, cuando cambia el tablero económico o se cambian las normas debido a cambios estructurales en la actividad comercial existente o por un movimiento de diversificación, el vocabulario de movimientos económicos almacenado mediante la experiencia obtenida de la actividad principal puede dejar de ser útil. En otras palabras, las soluciones basadas en «experiencias pasadas» o las soluciones por «analogía» pueden ser inapropiadas.

Enfoques cognitivos

Un área final cuyos resultados de investigación parecen indicar la existencia de un concepto sobre lógica de alta gestión dominante es la psicología cognitiva. La psicología de enfoque cognitivo es el estudio que investiga cómo las personas al tomar decisiones, cometen a veces errores sistemáticos (a menudo graves) (ver Tversky y Kahneman, 1974 como introducción y estudio). A la hora de tratar asuntos inciertos y complejos, las personas confían a menudo en un número limitado de principios heurísticos que simplifican en gran medida el proceso de decisión. En general, estos principios heurísticos resultan útiles, pero en ocasiones pueden conducir a errores importantes.

A objeto de nuestro estudio, el principio heurístico que nos resulta más interesante de los tres es el llamado principio heurístico de disponibilidad (ver Tversky y Kahneman, 1973, para tener una visión global). Básicamente, la heurística de disponibilidad hace tomar decisiones a la gente utilizando la información que encuentra rápidamente en su cerebro (es decir, la información «disponible»). A veces esto conduce a errores sistemáticos y graves. Este campo de investigación también sugiere que aquellos encargados de tomar decisiones no utilizan necesariamente enfoques analíticos para evaluar el contenido de la información de los datos disponibles o para buscar la «información adecuada» (Nisbett y Ross, 1980). Por ejemplo, Tversky y Kahneman (1974) señalan que una persona puede evaluar la propensión de las personas de mediana edad a padecer un ataque al corazón, recabando información al respecto entre sus conocidos, a pesar de que se pueda demostrar que ésta no es la base adecuada para llegar a este tipo de conclusiones. Obviamente, para los altos directivos, el conocimiento de la actividad comercial principal y de las actividades comerciales con las que están más familiarizados representa una fuente de información disponible. Los altos directivos tienden a aplicarla en otras actividades comerciales, algo que puede ser o puede no ser adecuado (Das, 1981). Las investigaciones realizadas sobre procesos cognitivos sugieren que los altos directivos tienden a aplicar el conjunto mental y el abanico de herramientas que constituyen la lógica dominante de manera poco apropiada cuando se ven confrontados con una actividad comercial «distinta» y que un cambio en dichos enfoques va precedido de un «aprendizaje» significativo.

Variedad estratégica y la lógica dominante

Las premisas mencionadas anteriormente nos ayudan a desarrollar un marco para evaluar el vínculo existente entre diversidad y rendimiento. En esencia, estas premisas relacionan la variedad estratégica existente en las diferentes actividades comerciales de la empresa, así como los cambios que se dan en ella, con lo apropiado de la lógica de gestión general dominante que utilizan los altos directivos de la empresa. En el resto del documento examinaremos los problemas a los que se enfrenta la empresa diversificada al relacionar la variedad estratégica y la(s) lógica(s) de gestión general dominante.

Variedad estratégica

La variedad estratégica de una empresa diversificada depende de las características del conjunto de actividades comerciales en las que la empresa participa. Durante la década pasada, los altos directivos han intentado reducir la variedad estratégica de la cartera de la empresa (esto no implica necesariamente la reducción de actividades comerciales regionales). Esto se practica habitualmente en actividades comerciales sujetas a desinversión que no «encajan» –aquellas que aumentan la variedad estratégica. Muchas de las actividades comerciales que sufren una desinversión son rentables (por ejemplo, la venta de Vickers por parte de Sperry para centrarse en las tecnologías de la información, la venta por parte de ITT de su división de panadería). Desinvertir en las actividades comerciales para «centrarse» en la cartera viene motivado por el reconocimiento implícito de la importancia que tiene la necesidad de llevar a cabo una alta gestión de la variedad estratégica. No todas las empresas diversificadas han reducido su variedad estratégica de forma proactiva. Algunas se han visto forzadas a desinvertir en determinadas actividades comerciales tras años de pobres resultados de rendimiento y tras varios intentos fallidos por su parte de salvar la actividad comercial.

Una alternativa al enfoque mencionado con anterioridad –reducir la variedad estratégica de la empresa limitando el conjunto de actividades comerciales de la empresa a aquellas que poseen características estratégicas similares– es la que utilizan empresas como General Electrics, Textron o 3M. Normalmente y con fines de gestión, las actividades comerciales que poseen características similares tienden a agruparse entre ellas formando «sectores». Por consiguiente suele haber poca diversidad estratégica dentro de un mismo sector, pero pueden darse grandes diferencias de diversidad estratégica entre los diferentes sectores. Este enfoque reduce la variedad estratégica con la que deben tratar los altos directivos, porque crea un nivel intermedio de gestión general. Estos responsables de grupo o a nivel de sector tienden a gestionar la dirección estratégica de las actividades comerciales específicas que pertenecen al mismo sector. De forma conceptual, este arreglo reconoce de forma explícita la necesidad de contar con la variedad estratégica para lograr una gestión eficaz. Sin embargo, en la práctica, el papel de los responsables de sector en relación con los jefes de cada actividad comercial y con los altos directivos puede volverse confuso si la alta gestión de la empresa intenta influir directamente en el comportamiento de una actividad comercial o de un grupo de actividades comerciales.

Cómo modificar la variedad estratégica

Hasta ahora hemos contemplado cómo las empresas pueden funcionar en un momento dado con variedad estratégica dentro de una empresa diversificada. Pero a la larga, contando incluso con un conjunto permanente y estable de actividades comerciales, la variedad estratégica puede cambiar. Por ejemplo, las características estratégicas de las actividades comerciales pueden cambiar debido a los cambios en la estructura de los sectores del mercado. El sector de los juguetes sufrió un cambio relativamente rápido, originado por los microprocesadores de precio económico. La combinación de las telecomunicaciones y de los ordenadores y la liberalización están modificando el sector de los servicios financieros. La globalización ha modificado la naturaleza competitiva de varios sectores, entre ellos la televisión, el «hi-fi», los coches, el acero, la maquinaria, etc. Como resultado de ello, incluso aquellas empresas que no hayan prácticamente modificado su conjunto de actividades empresariales tendrán que tratar con un aumento de la variedad estratégica, a medida que cambian las características estructurales subyacentes de las actividades comerciales. Por consiguiente, los altos directivos tendrán que tener capacidad para revisar la lógica dominante que utilizan para gestionar dichas actividades comerciales. La incapacidad de los altos directivos para identificar los cambios que se estaban dando en las características estructurales de una actividad comercial, así como la incapacidad de aceptar que era necesario cambiar la(s) lógica(s) dominante(s), pueden aportar al menos una respuesta parcial que puede explicar las dificultades que han atravesado en Estados Unidos las actividades comerciales tradicionales como el acero, las herramientas para la maquinaria y los coches, durante estos últimos 5 años.

La suma de una nueva actividad comercial, ya sea por desarrollo interno como por adquisición, también puede cambiar la variedad estratégica de una empresa. Si la nueva actividad comercial es radicalmente distinta a las existentes (véase el caso de la adquisición de EDS por parte de General Motors o la adquisición de Utah International por parte de General Electric), la variedad estratégica que aporta la nueva adquisición es fácil de reconocer.

En este tipo de adquisiciones, incluso los altos directivos reconocen que los intentos precipitados de imponer la lógica dominante de la empresa a la actividad comercial adquirida pueden crear disfunciones. A menudo, la empresa adquirida es «abandonada», al menos, por un tiempo.

Cuando la nueva actividad comercial surge a partir del desarrollo interno de la empresa, resulta más complicado reconocer que las características estructurales de dicha actividad comercial son distintas de las del conjunto actual de actividades comerciales de la empresa; aún resulta más complicado si la nueva actividad comercial no difiere tecnológicamente de las actividades comerciales ya existentes. Por ejemplo, la experiencia vivida por la empresa Texas Instruments con las actividades comerciales centradas en la calculadora, el reloj digital y los ordenadores personales ilustra muy bien este punto. La lógica dominante, que tan bien le funcionaba a Texas Instruments al aplicarla a la actividad de los semiconductores, falló cuando se aplicó a una nueva actividad comercial. El caso de IBM es radicalmente distinto ya que reconoció en una etapa temprana que la estructura de la actividad comercial de los ordenadores personales era bastante distinta. Gracias a este reconocimiento temprano crearon una unidad independiente para gestionar tal actividad comercial. A medida que evoluciona el mundo del PC, éste asume las características de la actividad comercial del marco principal, por lo que IBM no descarta volver a imponer la lógica dominante de los marcos principales sobre esta actividad comercial, al menos en algunas aplicaciones y con algunos segmentos de clientes.

En resumen, la variedad estratégica de una empresa diversificada puede cambiar debido a:

1. cambios en las características estructurales del conjunto existente de actividades comerciales, o
2. cambios en el conjunto de actividades comerciales debido a adquisiciones o al desarrollo interno.

En ambos casos, los altos directivos tienen que examinar de forma explícita las implicaciones que tienen los cambios que se producen en la variedad estratégica. En otras palabras, *los grandes cambios estructurales de un sector* provocan el mismo efecto en la variedad estratégica de una empresa que la adquisición de una nueva actividad comercial.

La labor de la alta gestión es la de examinar constantemente su cartera para asegurarse de si se dan cambios perceptibles en la variedad estratégica, así como evaluar de forma explícita el impacto que tienen las nuevas actividades comerciales en la(s) lógica(s) dominante(s) de la empresa. Tal y como mostramos en la tabla 1, de acuerdo con varias combinaciones de «fuentes de variedad estratégica» y de «orientación de la alta gestión», la labor de la alta gestión consta de 6 combinaciones posibles. En una empresa que cuente con una única lógica dominante, si la naturaleza de la actividad principal cambia de forma significativa, los altos directivos deberán revisar la lógica dominante (A). Si se suma una nueva actividad comercial y esta actividad es estratégicamente similar (B), la lógica dominante no deberá sufrir ningún cambio. Sin embargo, si la nueva actividad comercial es diferente, los altos directivos tendrán que desarrollar dentro de la empresa la capacidad de saber tratar con

Tabla 1 **Naturalezas de las labores de la alta gestión de las empresas diversificadas**

	Fuentes de variedad estratégica		
Orientación de la alta gestión	Cambios estructurales significativos en la actividad comercial principal	Suma de una nueva actividad comercial	
		Similar a las actividades comerciales existentes	Distinta de las actividades comerciales existentes
Una única lógica dominante	(A) Revisar la lógica dominante	(B) No es necesario hacer cambios	(C) Desarrollar la capacidad de múltiples lógicas dominantes
Múltiples lógicas dominantes	(D) Revisar la lógica dominante aplicada a dicha actividad comercial o reagruparla dentro de otro sector	(E) Asignar la actividad comercial al sector correspondiente	(F) Aumentar la variedad de las lógicas dominantes

múltiples lógicas dominantes (C). En una empresa que esté actuando con múltiples lógicas dominantes, si la naturaleza de una actividad comercial significativa cambia, los altos directivos deberán revisar la lógica dominante que se aplica a tal actividad o deberán reagrupar dicha actividad en otro «sector» o «grupo» (D). Si la nueva actividad comercial es estratégicamente similar a uno de los «grupos» o «sectores» existentes en la empresa, los altos directivos asignarán dicha actividad al sector correspondiente (E). Si la nueva actividad comercial es distinta a las actividades comerciales existentes, los altos directivos deberán aumentar la variedad de las lógicas dominantes existentes en la empresa (F).

Conclusiones

A la hora de investigar la diversidad y el rendimiento existen dos aspectos importantes a tener en cuenta que son el concepto de lógica de gestión general dominante y el papel que desempeñan los altos directivos a la hora de entender y gestionar dichas(s) lógica(s). Existen varias implicaciones a la hora de incluir dichos conceptos en el estudio sobre diversidad y rendimiento. He aquí algunas de ellas:

Los límites a la diversidad

Hemos argumentado que la «diversidad real» en sentido directivo o de gestión de una empresa no surge de la variedad de tecnologías y mercados o del número de actividades comerciales regionales *en sí*, sino de la variedad estratégica existente en las diferentes actividades comerciales que necesitan de una variedad de las lógicas dominantes que utiliza la alta gestión. Más aún, la variedad de lógicas dominantes que puede dirigir la alta gestión depende de la composición del equipo de alta gestión, de sus experiencias y de su actitud frente al aprendizaje. Estos factores sugieren que deberíamos reconocer que los límites a la diversidad de actividades comerciales están determinados por la diversidad estratégica y que la variedad estratégica que puede llegar a soportar una empresa depende de la composición del equipo de alta gestión.

Indudablemente, la estructura organizativa puede ayudar a poder manejar un aumento de la variedad estratégica. Un aspecto básico de la descentralización es que la toma de decisiones se realiza en el nivel donde se encuentra el experto correspondiente. En otras palabras, el mapa cognitivo tiende a encajar aún más los imperativos estratégicos dentro de la empresa. Sin embargo, no todas las tomas de decisiones pueden descentralizarse. Por ejemplo, una empresa diversificada tiene que tomar decisiones acerca de cómo distribuir los recursos *entre* las actividades económicas que conforman su cartera. Además, los planes, las estrategias y los presupuestos deben revisarse a nivel corporativo y también debe revisarse el rendimiento de la gestión. Por consiguiente y a pesar de su utilidad, la estructura organizativa está limitada. Si bien es cierto que ésta puede llegar a atenuar la *intensidad* de la variedad estratégica con la que tiene que tratar la gestión a nivel corporativo, la estructura organizativa no puede sustituir la necesidad existente de gestionar la variedad estratégica a nivel corporativo.

Un enfoque alternativo o adicional es el de reducir la variedad estratégica de las actividades comerciales de la empresa –lo que hemos expresado como «centrarse» en la cartera. Una variante interesante de este enfoque es el de asignar un único enfoque estratégico a cada actividad comercial. Por ejemplo, tal y como afirman Porter *et al.* (1983), todas las actividades comerciales de Emerson Electric comparten un objetivo uniforme, el de convertirse en el fabricante de más bajo coste de cada uno de sus mercados.

Este tipo de enfoque reduce la diversidad estratégica pero puede llegar a imponer una lógica inadecuada a una actividad comercial determinada. Consideramos interesante, el hecho de que, por regla general, Emerson Electric tienda a desinvertir en aquellas actividades comerciales que no cumplen con dicho objetivo.

Últimamente, muchas empresas exceden los límites de la estructura organizativa al atenuar la intensidad de la variedad estratégica y/o son incapaces de reducir o de limitar adecuadamente la variedad estratégica. Estas empresas se enfrentan entonces a la necesidad real de que la alta gestión se haga realmente cargo de la diversificación estratégica y a la necesidad real de desarrollar múltiples lógicas dominantes si quieren mantener el rendimiento.

Lo fundamental es que, de forma innata y en un momento dado, todo equipo de alta gestión se ve limitado en relación a la cantidad de diversidad que puede gestionar. La estructura organizativa y centrarse en la cartera puede ayudarnos a ampliar estos límites, pero no pueden eliminarlos.

Diversidad y rendimiento: los costes ocultos

Obtener un alto nivel de rendimiento de una empresa diversificada requiere la habilidad de «responder rápido» a los movimientos de la competencia, así como «responder adecuadamente». Una de las implicaciones que hasta ahora ha conllevado nuestra tesis es que los altos directivos tienden menos a «responder adecuadamente» ante aquellas situaciones en las que la lógica dominante es diferente, así como a no responder con la suficiente rapidez por ser incapaces de interpretar el significado de la información relativa a las actividades comerciales que no les son familiares. Los «costes ocultos» asociados a la diversificación en empresas no familiares se muestran en forma de esquema en la figura 3.

Figura 3 La diversidad y el rendimiento

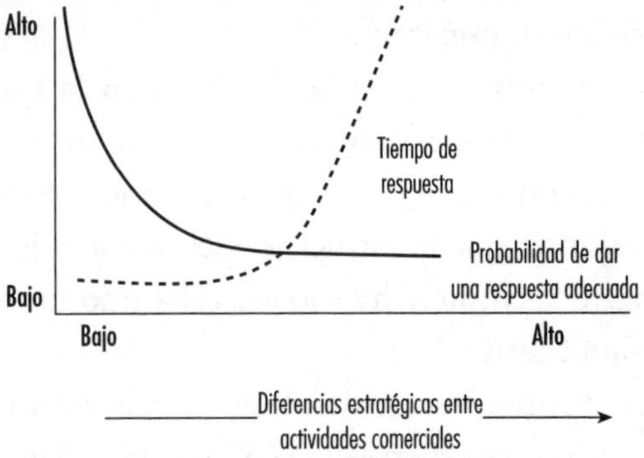

Estos «costes ocultos» no suelen ser claramente reconocibles cuando el clima general de la empresa es favorable. Los problemas aparecen cuando la actividad comercial adquirida recientemente se enfrenta a problemas competitivos o a una crisis de beneficios. Frente a estas circunstancias, los altos directivos se sienten incapaces de responder ante la crisis (Hamermesh 1977).

Cambiar o añadir lógicas dominantes

Dadas las explicaciones anteriores, podemos afirmar que el proceso de incremento de las lógicas dominantes es obviamente un aspecto importante de la gestión de las empresas diversificadas. Tal y como sugiere el argumento utilizado, también podemos afirmar que el proceso de incremento de las lógicas dominantes también es importante para cualquier empresa que se enfrente a un cambio rápido en las estructuras del sector en el que compite. Estos asuntos giran en torno a la habilidad de aprendizaje de la empresa o de su coalición dominante. Afortunadamente, la bibliografía disponible sobre aprendizaje organizativo está creciendo, a pesar de ser escasa (ver Hedberg, 1981, como introducción y estudio). Esta bibliografía sugiere determinadas maneras con las que se puede modificar la organización o se pueden añadir nuevas lógicas dominantes.

Consideremos primero la situación en la que nos encontramos al cambiar la lógica dominante de una empresa (que cuente con una única lógica). El supuesto explícito de esta situación es que la estructura del sector principal en el que compite la empresa ha variado o ha sido modificada de manera significativa.

Generalmente, parece que (ver March y Simon, 1958; Downs, 1967; Terreberrey, 1968; Cyert y March, 1963; Starbuck, 1976; Hedberg, Nystrom y Starbuck, 1976) los cambios que se dan en las maneras que tienen las organizaciones de solucionar aquellos problemas nuevos y significativos (es decir, cambiar las lógicas dominantes) vienen determinados por problemas o crisis sustanciales. Hedberg (1981), sugiere además, que las oportunidades o el reemplazo de los directivos clave pueden determinar también el aprendizaje, pero las pruebas existentes al respecto son escasas. (El reemplazo de los directivos clave es una práctica habitual de respuesta ante una crisis). Podría parecer que en la gran mayoría de casos, se requiere una crisis que precipite el cambio (es decir, ¿para qué arreglarlo si no está roto?). No es necesario que exista una crisis para ello, pero tal y como proponen y describen Nystrom, Hedberg y Starbuck (1976), la respuesta inicial que se da para paliar una crisis tiende a no ser adecuada. En otras palabras, la respuesta inicial tiende a recurrir a la lógica dominante que a pesar de seguir siendo la actual, resulta ahora ser inadecuada. Por supuesto, esto provoca una profundización de la crisis y la búsqueda de nuevas soluciones. Dicho de otro modo, la supervivencia tiende a depender del hecho de encontrar una lógica nueva.

Dado que una crisis (o un acontecimiento de este tipo) niega la posibilidad de poder aprender, la bibliografía sobre aprendizaje organizativo (véase Hedberg 1981) sugiere que es necesario desaprender lo aprendido para poder abrir camino a nuevos mapas mentales. Desaprender es simplemente el proceso mediante el cual las empresas se deshacen de las antiguas lógicas y comportamientos para hacer sitio a los nuevos. Es interesante remarcar, que cuanto mayor es el éxito alcanzado por una organización, más difícil se vuelve desaprender lo aprendido. (Argyris y Schon, 1978; Starbuck y Hendberg, 1977).

Una vez cumplidas estas dos condiciones previas, una crisis provocada y el comienzo del desaprendizaje, nos encontramos ante el escenario propicio para el tipo de aprendizaje que puede desembocar en la concepción de una nueva lógica dominante. Sin embargo, tal y como han observado Michael (1973) y Hedberg (1981) desconocemos casi todo acerca de cómo se cambian las estructuras cognitivas de las organizaciones. Por consiguiente, *todo lo que se pueda decir al respecto será meramente especulativo.* Hedberg (1981) hace cuatro sugerencias generales: (1) dotar a las organizaciones de un carácter más experimental; (2) ajustar a un nivel óptimo la sensibilidad de las organizaciones frente a los cambios del entorno (ni demasiado alta ni demasiado baja); (3) volver a diseñar los entornos internos y externos de la organización; y (4) alcanzar un balance dinámico entre las influencias estabilizadoras y las desestabilizadoras. Traspasando estas cuatro zonas generales, los autores de este artículo sugerimos lo siguiente: (1) estructurar el equipo de alta gestión de tal manera que incluya individuos que posean bases de experiencia que se distingan entre sí de manera significativa; (2) animar a los altos directivos a enriquecer su base de experiencias mediante experiencias sabáticas y educativas; (3) ensayar el papel de un equipo de gestión que vaya a gestionar un amplio abanico de futuros escenarios sectoriales; (4) separar la valoración económica de la valoración de gestión de forma que se pueda recompensar a los directivos por experimentar incluso en caso de que los proyectos fracasen; y (5) legitimar las discrepancias. Además, en un interesante artículo sobre las respuestas que dan los directivos frente a los entornos cambiantes, Kiesler y Sproul (1982) sugieren la idea de desarrollar esquemas que incluyan las expectativas de cambio como componente fundamental. Desgraciadamente, el «cómo hacerlo» sigue siendo terreno prácticamente desconocido.

Hasta ahora hemos tenido en consideración cómo se cambian las lógicas dominantes existentes, pero no hemos hablado de cómo añadir nuevas lógicas. Añadir una nueva lógica implica retener la antigua y no desaprenderla, sino desarrollar la capacidad de manejar simultáneamente varias lógicas. Generalmente, esto va más allá de lo que ha estudiado el aprendizaje organizativo. Normalmente, la diversificación no viene dada por una crisis, por lo que no se aconseja el desaprendizaje tal y como lo hemos descrito anteriormente. Parece ser que lo que debe ocurrir en este caso es una especie de meta-aprendizaje en el que la coalición dominante aprende a conceptuar simultáneamente distintos tipos de actividades comerciales. Quizás se desarrolla cierto tipo de meta-lógica que se encarga de especificar la necesidad y las normas de tener que escoger entre varios mapas mentales se contradicen parcialmente. Es obvio que es necesario investigar más en este terreno.

El significado de «capacidad relacional»

El concepto de diversificación conglomerada o relacionada se basa normalmente en un análisis de las características tecnológicas y de mercado. La visión que aquí presentamos parece sugerir que quizás tengamos que desarrollar un concepto de capacidad relacional en base a las «similitudes estratégicas» de las actividades económicas y a la composición cognitiva del equipo de alta gestión. En otras palabras, puede que la capacidad relacional sea más bien un concepto cognitivo que un concepto económico o técnico.

Investigaciones futuras

El concepto de la lógica dominante nos da la oportunidad de profundizar en nuestra comprensión de la gestión de diversificación y de la relación existente entre diversidad y rendimiento. Un primer paso que se debe dar necesariamente es el de traspasar la etapa puramente conceptual para poder medir el constructo, o dicho de otras maneras, ser capaces de especificar lo que es realmente una lógica dominante concreta. Los autores han intentado determinar la lógica dominante de una empresa, entrevistando en profundidad al equipo de alta gestión y creen que se han obtenido resultados y explicaciones útiles. Sin embargo, a pesar de que una consulta de este tipo puede resultar útil en un marco consultivo, no cuenta con el rigor necesario para poder presentar resultados generales.

A menudo, las personas que toman decisiones describen sus propias políticas con inexactitud. (Hoffman, 1960; Slovic, 1969; Balke, Hammond y Meyer, 1973). De forma similar, las políticas e intenciones de las que se habla no se corresponden o varían a la hora de aplicarse realmente. Argyris y Schon (1974) describen este fenómeno como la diferencia existente entre las «teorías defendidas» y «las teorías utilizadas», que es la que dirige realmente el comportamiento. Estos investigadores sugieren que mediante simples preguntas no se consigue conocer la teoría personal que un individuo utiliza realmente. Sin embargo, se pueden desarrollar cuestionarios creativos y procedimientos de análisis que puedan mostrar la verdadera naturaleza de la lógica dominante. Por ejemplo, la metodología de captura de políticas (Slovic y Lichtenstein, 1971; Slovic, Fischoff y Lichtenstein, 1977) parece aproximarse bastante a lo que puede llegar a ser medir la lógica dominante de una empresa.

Otro enfoque para determinar la lógica dominante de una empresa podría ser mediante el análisis histórico. Según lo argumentado anteriormente, la lógica dominante se desarrolla como resultado de las experiencias de los directivos clave. Por consiguiente, ahondar en las experiencias que estos individuos clave poseen de la empresa y del sector puede ser un enfoque bastante fructífero, especialmente si se acompaña de entrevistas en profundidad a dichos individuos y a sus subordinados directos.

El segundo área importante sujeto a futuras investigaciones es el proceso que hemos mencionado anteriormente: aprender a utilizar múltiples lógicas dominantes. La bibliografía sobre aprendizaje organizativo trata básicamente de los mapas cognitivos cambiantes. No trata acerca del proceso de aprender a utilizar múltiples mapas, parcialmente contradictorios. Es obvio que algunas empresas han sido capaces de solucionar este problema. Ahora hace falta saber cómo lo han hecho. La investigación clínica longitudinal es necesaria para determinar cómo.

Referencias

Allison, Graham J. *Essence of Decision: Explaining the Cuban Missile Crisis*, Little, Brown, Boston, MA, 1971.

Ansoff, H. Igor. *Corporate Strategy.* McGraw-Hill, Nueva York, 1965.

Argyris, C. y D.A. Schon. *Theory in Practice: Increasing Professional Effectiveness.* Jossey-Bass, San Francisco, CA, 1974.

Argyris, C. y D.A. Schon. *Organizational Learning.* Addison-Wesley, Reading, MA, 1978.

Balke, W.M., K.R. Hammond y G.D. Meyer. «An alternative approach to labor-management negotiations», *Administrative Science Quarterly*, 18, 1973, págs. 311-327.

Bettis, R. A. «Strategic portfolio management in the multibusiness firm: implementing the portfolio concept». Tesis doctoral no publicada, Universidad de Michigan, 1979.

Bettis, R. y V. Mahajan. «Risk/return performance of diversified firms», *Management Science.*

Bettis, R.A., W.K. Hall y C. K. Prahalad. «Diversity and performance in the multibusiness firm», *National Proceedings of the American Institute for Decision Sciences*, 1978, págs. 210-212.

Bower, J.L. *Managing the Resource Allocation Process*, Irwin, Homewood, IL,1972a.

Bower, J.L. «Metamanagement: a technology and a philosophy». Ponencia realizada en la reunión de invierno de la AAAS el 20 de noviembre 1972b.

Chandler, Alfred D. *Strategy and Structure.* MIT Press, Cambridge, MA, 1962.

Channon, Derek. *The Strategy and Structure of British Enterprise*, Graduate School of Business Administration, Universidad de Harvard, Boston, 1973.

Cyert, R. y J. March. *A Behavioral Theory of the Firm.* Prentice Hall, Englewood Cliffs, NJ, 1963.

Das, Rajan. *Managing Diversification: The General Management Perspective.* Mcmillan India, Nueva Deli, 1981.

Deal, Terrence E. y Allan A. Kennedy. *Corporate Cultures.* Addison-Wesley, Reading, MA, 1982.

De Groot, A.D. *Thought and Choice in Chess.* Mouton, La Haya, 1965.

Donaldson, G. y Jay. Lorsch. *Decision Making at the Top.* Basic Book, Nueva York, 1983.

Downs, A. *Inside Bureaucracy.* Little, Brown, Boston, Ma, 1967.

Hambrick, D.C. «Environmental scanning and organizational strategy», *Strategic Management Journal*, 3, 1982, págs. 159-174.

Hamermesh, R.G. «Responding to the divisional profit crisis». Tesis doctoral no publicada, Harvard Business School, 1977.

Haspeslagh, P. «Portfolio planning: uses and limits», *Harvard Business Review,* enero-febrero 1982, págs. 58-73.

Hedberg, B. «Organizational stagnation and choice in strategy». Documento de trabajo, International Institute of Management, Berlín, 1973.

Hedberg, B., P. Nystrom y W. Starbuck. «Camping on seesaws: prescriptions for a self-designing organization», *Administrative Science Quarterly*, 21, 1976, págs. 41-65.

Hofer, Charles W. y Dan Schendel. *Strategy Formulation: Analytical Concepts.* West, St Paul, MN, 1978.

Hoffman, P. «The paramorphic representation of clinical judgement», *Psychological Bulletin*, 47, 1960, págs. 166-131.

Huff, A.S. «Industry influence on strategic reformulation», *Strategic Management Journal,* 3, 1982, págs. 119-131.

Kiesler, S y L. Sproul. «Managerial response to changing environments: perspectives and problem sensing from social cognition», *Administrative Science Quarterly*, 37, 1982, págs. 548-570.

Kuhn, Thomas S. *The Structure of Scientific Revolutions,* segunda edición. University of Chicago Press, Chicago, IL, 1970.

March J. y H. Simon. *Organizations.* Wiley, Nueva York, 1958.

Michael, Donald N. *On Learning to Plan and Planning to Learn.* Jossey-Bass, San Francisco, CA, 1973.

Miles, R.H. *Coffin Nails and Corporate Strategies.* Prentice Hall, Englewood Cliffs, NJ, 1982.

Montgomery, Cynthia. «Diversification, market structure and firm performance: an extension of Rumelt's model», Tesis Doctoral, Universidad de Purdue, 1979.

Nathanson, Daniel y James Cassano. «Organization, diversity and performance», *Wharton Magazine,* verano de 1982, págs. 19-26.

Newell, A. y Herbert Simon. *Human Problem Solving.* Prentice-Hall, Englewood Cliffs, NJ, 1972.

Nisbett R. y L. Ross. *Human Inference: Strategies and Shortcomings of Social Judgement.* Prentice-Hall, Englewood Cliffs, NJ, 1980.

Norman, D. *Memory and Attention,* segunda edición. Wiley, Nueva York, 1976.

Nystrom, P., B. Hedberg y W. Starbuck. «Interacting processes as organizational designs«. En las ediciones de Kilman, R. L. Pondy y D. Slevin *The Management of Organization Design.* Elsevier, Nueva York, 1976.

Ouchi, William G. *Theory Z.* Addison-Wesley, Reading, MA, 1981.

Pascale, Richard J. y Anthony G. Athos. *The Art of Japanese Management.* Simon y Schuster, Nueva York, 1981.

Parvan, R.J. «Strategy and structure of Italian enterprise». Tesis doctoral no publicada, Harvard Business School, 1972.

Peters, Thomas J. y Robert H. Waterman, Jr. *In Search of Excellence.* Harper y Row, Nueva York, 1982.

Pooley, G. «Strategy and structure of French enterprise». Tesis doctoral no publicada, Harvard Business School, 1972.

Porter, M. *Competitive Strategy.* The Free Press, Nueva York, 1980.

Porter, M., D. Collins, J. DeBelina, J. Elsasser, J. Hornthal y R. Shearer. «The chain saw industry in 1974». En la edición de Porter, M. *Cases in Competitive Strategy.* The Free Press, Nueva York, 1983.

Prahalad, C.K. e Y. Doz. «An approach to strategic control in MNCs», *Sloan Management Review*, verano de 1981, págs. 5-13.

Rumelt, Richard P. *Strategy, Structure and Economic Performance.* Division of Research, Graduate School of Business Administration, Universidad de Harvard, 1974.

Rumelt, Richard P. «Diversity and profitability». Documento MGL-51, Managerial Studies Center, Graduate School of Management, Universidad de California, Los Ángeles, 1977.

Schoeffler, Sidney, Robert D. Buzzel y Donald F. Heany. «Impact of strategic planning on profit performance», *Harvard Business Review*, marzo-abril 1974, págs 137-145.

Simon, Herbert A. «Information processing models of recognition», *Annual Review of Psychology*, 30, 1979, págs. 363-369.

Skinner, B.F *Science and Human Behavior*, Mcmillan, Nueva York, 1953.

Slovic, P. «Analyzing the expert judge: a descriptive study of stockbroker's decision processes», *Journal of Applied Psychology*, 53, 1969, págs. 255-263.

Slovic, P y S. Lichtenstein. «Comparison of Bayesian and regression approaches to the study of information processing in judgement», *Organizational Behavior and Human Performances,* 6, 1971, págs. 649-744.

Slovic P., B. Fischoff y S. Lichtenstein. «Behavioral decision theory». En las ediciones de Rosenzweig, R. y L.W. Porter, *Annual Review of Psychology.* Annual Review, Palo Alto, CA, 1977, págs. 1-39.

Starbuck, W. «Organizations and their environment». En la edición de Dunnette, M. *Handbook of Industrial and Organizational Psychology.* Rand McNally, Chicago, Il, 1976.

Starbuck, W. y B. Hedberg. «Saving an organization from a stagnating environment». En la edición de Thorelli, H. *Strategy + Structure = Performance.* Indiana University Press, Bloomington, IN, 1977.

Suzuki, Y. «The strategy and structure of top 100 Japanese industrial enterprises 1950-1970». *Strategic Management Journal,* 3, 1980 págs. 265-291.

Terreberry, S. «The evolution of organizational environments», *Administrative Science Quarterly,* 12, 1968, págs. 590-613.

Thanheiser, H. «Strategy and structure of German enterprise». Tesis doctoral no publicada, Harvard Business School, 1972.

Tversky, Amos y Daniel Kahneman, «Availability: a heuristic for judging frequency and probability», *Cognitive Psychology,* 4, 1973, págs. 207-232.

Tversky, Amos y Daniel Kahneman, «Judgement under uncertainty: heuristic and biases», *Science,* 185, 1974, págs. 1.124-1.131.

Weick, K. *The Social Psychology of Organizing,* segunda edición. Addison-Wesley, Reading, MA, 1979.

Wrigley, Leonard. «Divisional autonomy and diversification». Tesis DBA, Universidad de Harvard, 1970.

El consejero delegado: ¿mano visible en la creación de riqueza?

C.K. PRAHALAD* Y YVES DOZ**

Resumen

En la década pasada, muchos consejeros delegados de grandes empresas llegaron a convertirse en figuras públicas muy conocidas. Los periodistas de negocios escriben crónicas sobre las actividades de estos consejeros delegados y sus estrategias se exponen al análisis público. No sólo la prensa, sino también los miembros del consejo de administración y los accionistas suelen atribuir el rendimiento de las empresas, sea bueno o malo, a los conocimientos específicos y al liderazgo personal del consejero delegado.

Sin embargo, aunque esta mayor popularidad ha centrado la atención en los consejeros delegados como personas, ¿refleja esta mayor visibilidad del liderazgo organizativo una nueva realidad en el gobierno interno de las grandes organizaciones? ¿Son los consejeros delegados más impor-

* C.K. Prahalad es catedrático de Administración de Empresas en la Graduate School of Business de la Universidad de Michigan.

** Yves Doz es catedrático de Tecnología Global e Innovación en INSEAD.

tantes en la actualidad que antes? ¿Cómo contribuye el consejero delegado a la creación de riqueza en una gran empresa? ¿Qué valor añadido aportan el consejero delegado y el equipo de alta dirección en el nuevo entorno competitivo? ¿Representa la revelación del consejero delegado como figura pública una clara mejora para la empresa o crea un nuevo conjunto de problemas que habrá que resolver?

La década pasada supuso la llegada de grandes cambios sin precedentes para muchas empresas y sus consejeros delegados. Una amplia variedad de factores, como la liberalización, la competencia global, los mercados emergentes, la competencia basada en el conocimiento, la evolución tecnológica, las absorciones hostiles, el exceso de capacidad, las crecientes expectativas de los clientes y el auge de competidores no tradicionales obligaron a examinar de nuevo con detalle el proceso de creación de riqueza en las grandes empresas (G. Hamel y C.K. Prahalad: «Competing for the Future»). La transformación sectorial y empresarial tienen lugar en todas partes, desde los servicios públicos hasta los servicios financieros. La tarea del consejero delegado consiste en ayudar a la empresa a moverse en este terreno competitivo complejo y en constante evolución.

En vista de estos cambios, la alta dirección no puede adoptar un enfoque de «no intervención» o contentarse con la administración eficaz de los activos que heredan con el cargo. Los accionistas exigen que se genere valor y, en muchos casos, esto requiere la acción estratégica del consejero delegado. Los inversores activos también se han mostrado cada vez más dispuestos a forzar situaciones. En Estados Unidos, los inversores institucionales tuvieron un destacado papel en la salida de los consejeros delegados de General Motors, Westinghouse, American Express y Sears; y los consejeros delegados de Suez y Alcatel en Europa tuvieron un destino similar. Cuanto mayores son los riesgos, mayores son las recompensas y, a lo largo de la última década, la remuneración del consejero delegado ha aumentado espectacularmente y se ha vinculado más estrechamente al rendimiento de la empresa. Al mismo tiempo, las cotizaciones de las acciones están cada vez más condicionadas a quién ocupa el puesto más elevado. Claramente, los inversores otorgan mucha importancia al consejero delegado.

El papel de la alta dirección ya no se limita sólo al control y a la coordinación, sino que consiste en anticiparse, liderar y gestionar el cambio, y transmitir sus motivos fundamentales a los empleados y a los analistas de valores. El cambio implica volver a examinar la cartera de negocios de la empresa, pensar de nuevo en el modo en que la cartera genera valor para los accionistas y reelaborar los procesos internos de gobierno; en definitiva, implica reinventar la empresa. Paralelamente, la alta dirección debe emprender el proceso de «olvidar el estilo antiguo» y «aprender el nuevo», tanto en lo que concierne a ella misma como a la organización. Al mismo tiempo, los consejeros delegados deben identificar los puntos fuertes de sus organizaciones y buscar el equilibrio entre el cambio necesario y la continuidad esencial para el compromiso y la confianza en sí mismos de directivos y empleados. Esta tarea es intelectualmente exigente, políticamente delicada y administrativamente compleja.

En las páginas siguientes, analizamos en tres apartados el papel del consejero delegado y de la creación del valor. En primer lugar, proponemos un marco para reflexionar sobre la creación de riqueza en una empresa diversificada. Para ello es necesaria la cuidadosa gestión de las interacciones entre las unidades de negocio que constituyen la cartera de activos de la empresa, la lógica de creación de valor del consejero delegado y el proceso de gobierno interno de la organización. En segundo lugar, identificamos algunos de los dilemas clave a los que se enfrentan los consejeros delegados en este proceso: cómo resolver las tensiones que surgen en las estructuras de gobierno descentralizadas entre la obligación de cumplir objetivos financieros a corto plazo y la capacidad de la empresa de buscar oportunidades de crecimiento a largo plazo (especialmente, las que requieren la cooperación entre unidades de negocio). Finalmente, comentamos las consecuencias en la creación de riqueza de la revelación del consejero delegado como personaje público.

Proceso de creación de riqueza

Podemos entender el proceso de creación sostenida de riqueza en el contexto de una competencia rápidamente cambiante como la interacción de los tres elementos interrelacionados de la figura 1. La creación sostenida de riqueza empieza con la cartera de negocios de una empresa. En un entorno cambiante, los directivos deben evaluar con frecuencia esta cartera teniendo en cuenta los activos y recursos que quieren poseer (o, al menos, a los que quieren acceder). Por tanto, la reconfiguración de la cartera suele ser una de las principales prioridades de un nuevo consejero delegado, que suele sentirse menos condicionado por compromisos anteriores que los anteriores ocupantes del puesto.

Una cartera de negocios conlleva, explícita o no, una lógica de creación del valor (o «modelo de negocio», como muchos lo llaman) que responde a la pregunta: ¿cómo se prevé que esta cartera de activos concreta genere un valor superior a la suma de valores de cada negocio o categoría de activos por sí solos? Se espera que una cartera de negocios aña-

Figura 1 **El consejero delegado: una mano visible en la arquitectura estratégica**

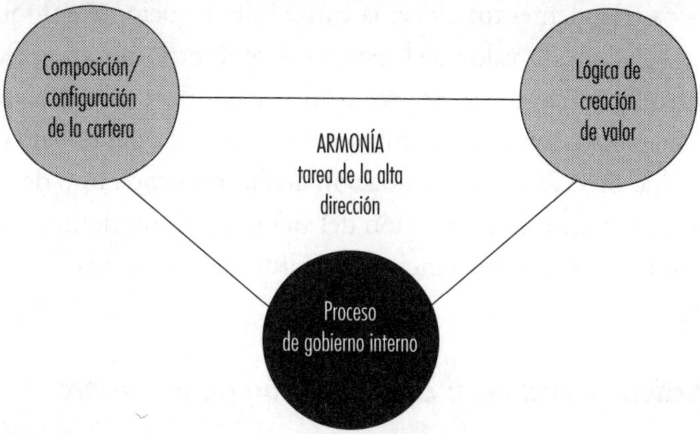

da valor de una manera concreta y esto, a su vez, determina la selección de activos que se integrarán a la cartera o se suprimirán de ella. Los consejeros delegados previsores trabajan al mismo tiempo en la configuración de la cartera y en el modelo de negocio, pues ambos aspectos deben ser coherentes y reforzarse mutuamente.

La composición de la cartera de negocio y el modelo de negocio impulsan, pues, el diseño del sistema de gobierno interno de la empresa. El gobierno interno parte de la decisión sobre la estructura corporativa; es decir, dónde establecer las fronteras entre los bloques organizativos básicos (o unidades de negocio) que constituyen la empresa diversificada. El sistema de gobierno también incluye los procesos y valores que rigen las disciplinas de rendimiento y las prioridades estratégica y operativa de las distintas unidades de negocio, y las relaciones y diálogo entre ellas. Definido de este modo, el gobierno interno influye notablemente en la gestión de la cartera de negocios. Es la lógica de la creación de valor en acción y puede afectar profundamente a la capacidad de la empresa para crear riqueza.

Como subrayamos a lo largo de este estudio, la creación de riqueza exige una relación constructiva y armoniosa entre estos tres elementos clave: la cartera de negocio, el enfoque de creación de valor y el sistema de gobierno interno. Desarrollar y mantener esta relación, y garantizar su evolución frente a circunstancias cambiantes es la esencia del trabajo de la alta dirección. A continuación analizamos cada uno de los tres elementos de la creación del valor, al mismo tiempo que destacamos la importancia de sus interdependencias.

Activos y recursos: configuración de la cartera

La reconfiguración de la cartera de negocio es quizá la manifestación más visible de la actividad del consejero delegado en la mayoría de empresas actuales. Muchas organizaciones emprendieron grandes programas de diversificación en los años setenta y comienzos de los ochenta, sólo para reorientar sus carteras a finales de los años ochenta y principios de los noventa. ¿Qué motivos había para toda esa actividad?

En casi todos los casos, la reconfiguración de la cartera se basa en una nueva valoración del significado, la base y el valor de la afinidad (*relatedness*) entre distintos negocios de la cartera, a menudo derivada de una nueva lógica de creación de valor. La afinidad apenas es un nuevo concepto en gestión estratégica, pero ya no se considera como un hecho objetivo, sino como el resultado, en parte subjetivo, del pensamiento y la imaginación gerencial, de las decisiones de la dirección con respecto al tipo de lógica de creación que desea adoptar.

El estudio que Richard Rumelt llevó a cabo en 1974 sobre la diversificación organizativa ha servido como fundamento para un gran cuerpo de investigación sobre diversificación y rendimiento que se ha desarrollado en los últimos 25 años (R. Rumelt: *Strategy, Structure and Economic Performance*).

Rumelt estableció cuatro clasificaciones de empresas con varios negocios («afines», «afines vinculadas», «afines obligadas» y «no afines o conglomeradas»), basándose en tres variables: grado de especialización (porcentaje de negocio atribuible al mayor de los negocios de la empresa), grado de verticalidad (porcentaje de ingresos atribuibles al mayor grupo o negocios integrados verticalmente dentro de la empresa) y grado de afinidad (porcentaje de ingresos atribuibles al mayor grupo de negocios afines dentro de la empresa). Aunque se utilizaron datos de ventas para clasificar los patrones de diversificación en una de las cuatro estrategias de diversificación, la lógica subyacente de clasificación se basó en similitudes entre mercados de producto y tecnologías. Las pruebas de afinidad en este esquema son objetivas, en el sentido de que alguien externo a la empresa que analizase la cartera llegaría a la misma conclusión que alguien de dentro.

Un estudio de 1994 (G. Dosi, D. Teece y S. Winter: «Understanding Corporate Coherence»), complementario al trabajo de Rumelt, concluía que muchas empresas son diversificadoras «coherentes», en el sentido de que su patrón de diversificación es coherente con su base de aprendizaje y habilidades. Este patrón de diversificación es «idiosincrásico» o «dependiente de una trayectoria»; es decir, no es probable que lo produzca un equipo de dirección diferente, con un conjunto de habilidades o experiencia diferente, o siquiera el mismo equipo de dirección en un punto de partida diferente. Lo que podría parecer diversificación no relacionada en el esquema anterior de Rumelt, aquí puede parecer «coherente».

Si es posible definir la afinidad a través de varias dimensiones, a continuación proponemos varias reflexiones.

Selección del negocio. Una de las piedras angulares de la estrategia de General Electric (GE) consiste en escoger sólo negocios en situación de liderazgo o con posibilidades de alcanzarla. Jack Welch, consejero delegado de la organización, expresaba con claridad esta lógica de creación de valor. Se trata de dominar un sector: ser el número uno, el número dos o dejarlo. Tras esta lógica subyacen otros supuestos, expresados con menos contundencia pero bien entendidos, como reducir costes de manera implacable y evitar negocios sujetos a una interna competencia extranjera. Cuando Jack Welch fue nombrado consejero delegado, muchos de los negocios de GE, como iluminación, electrodomésticos y sistemas médicos, ya eran participantes dominantes con operaciones internacionales, si no mundiales. El gran recorte de costes preparó a la organización para una eficaz competencia global. Estos puntos fuertes subyacentes permitieron generar un considerable valor para los accionistas a partir de ventas y adquisiciones selectivas.

La selección del negocio también debe basarse en el grado de consolidación del sector. Los sectores muy fragmentados debido al elevado número de pequeñas empresas acostumbran a caracterizarse por un bajo nivel medio de habilidades de gestión, la insuficiente inversión en tecnologías y su incapacidad para capturar un valor de escala que puede resultar invisible para los interesados. En estas circunstancias, un equipo de dirección efectivo con acceso a capital puede lograr economías de escala y quizá crear barreras a la entrada mediante la construcción de una gran cartera de activos industriales, con el objetivo de racionalizar el sector. Este enfoque se utilizó repetidamente en Estados Unidos y Reino Unido durante las décadas de los sesenta y setenta, para consolidar sectores como los del cemento, los ascensores y el comercio minorista. En la actualidad podemos observarlo en sectores como los servicios financieros, el entretenimiento, las telecomunicaciones y las líneas aéreas. La estrategia de ABB de consolidar las empresas de energía eléctrica es un buen ejemplo de este enfoque. Otro ejemplo de esto es la triunfal entrada de Corning en los laboratorios de diagnósticos médicos.

Similitudes con la empresa principal. Crear valor a partir de una cartera organizativa variada es más fácil cuando los negocios comparten características estratégicas y gerenciales. Por ejemplo, hasta hace muy poco, Hanson Trust podía caracterizarse como «diversificadora no relacionada», con negocios tan variados como la fabricación de ladrillos, carbón, jacuzzis y productos químicos. Sin embargo, sus directivos creían que sus negocios tenían características comunes y requerían habilidades de gestión similares. Los criterios de Hanson para la adecuación a su cartera eran: negocios básicos que proporcionasen productos esenciales (frente a los negocios de alta tecnología que requerían mucho personal); buena gestión en el nivel operativo; razonable respaldo de los activos; índice de cambio estable y *cash flow* fuerte y predecible (P. Haspeslagh y C. Taubmann: Hanson Plc., estudio de caso de INSEAD). Esta visión se basa en lo que Goold y Campbell han denominado «ventaja de empresa principal» (M. Goold y A. Campbell: «How Corporate Parents Add Value to the Stand-Alone Performance of their Business»), la capacidad de la dirección de la empresa para añadir valor a las unidades de negocio a partir de un conjunto común de competencias organizativas. Curiosamente, Lord Hanson no estaba convencido de que la ventaja de Hanson dependiera lo suficiente de la organización, y no de una persona, para asegurar que la prosperidad de la empresa sobreviviera a la muerte de su socio y a su propia e inminente jubilación. A comienzos de 1996, anunció la escisión de Hanson Trust en cuatro empresas independientes en distintos sectores.

Competencias fundamentales. Si analizamos la afinidad desde el punto de vista de las competencias fundamentales, obtenemos una perspectiva diferente a la que nos proporciona la ventaja de la empresa principal (C.K. Prahalad y G. Hamel: «The Core Competence of the Corporation»). Alguien externo a la organización clasificaría sin dudarlo como «no relacionada» una cartera muy diversificada, como la de Cargill, que consiste en transacciones con *commodities*, proceso de la carne, sal, abono, miniprensas de acero, servicios financieros, zumo de naranja, nutrición animal y semillas. Sin embargo, la alta dirección de la empresa cree y actúa de otra manera, según Whitney MacMillan, consejero delegado de Cargill:

«La experiencia en la manipulación de *commodities* a granel, el conocimiento de las transacciones, la especialización en el proceso, la comprensión internacional, la gestión de riesgos; éstos son los atributos de Cargill que sostienen todos nuestros negocios. Estas competencias fundamentales representan el conocimiento colectivo de nuestros 125 años de experiencia en todos nuestros negocios. Se han construido a lo largo de los años, como consecuencia de un proceso sin fin de perfeccionamiento y mejora. Contribuyen a mantenernos unidos y nos dan un sentido de unidad de propósito que, de lo contrario, resultaría difícil de definir. Impulsan nuestro desarrollo de nuevas oportunidades de negocio y configuran nuestra capacidad para responder a futuros desafíos».

El concepto de afinidad en Cargill no se basa en una configuración de producto-mercado o en similitudes tecnológicas, sino en competencias y conocimiento compartidos. Los diferentes negocios dentro de Cargill exigen distintas habilidades de la empresa principal, frente al enfoque de Hanson, pero todos comparten un conjunto común de competencias fundamentales. Cargill no ha sido la única en adoptar este enfoque. Muchas otras empresas al parecer diversificadas, como 3M, Canon, NEC y ABB considerarían que su estrategia de diversificación está también «relacionada».

Vínculos entre empresas. En algunas carteras, la gestión de las interrelaciones genera valor. Por ejemplo, las eficiencias en distribución y la influencia sobre los minoristas de Procter & Gamble son mayores que si cada una de sus empresas negocia condiciones independientemente con grandes distribuidores como Wal-Mart. De manera similar, ABB implica a muchos de sus diferentes negocios en grandes contratos en economías emergentes como China e India, y GE suma la fuerza de sus operaciones de servicios financieros para apoyar estos acuerdos. Por tanto, P&G, ABB y GE deben gestionar sus negocios de manera distinta que Hanson, que deliberadamente sacrificaba las ventajas de la coordinación para insistir en la importancia de la responsabilidad sobre el rendimiento. Hanson no pretendía fomentar sinergias entre sus adquisiciones, como ilustraba la gestión de dos de sus filiales. Aunque ambas se encontraban en Inglaterra, y servían productos a quioscos y estancos de todo Reino Unido, Hanson se oponía a compartir recursos de distribución, alegando que cualquier economía de escala quedaría probablemente compensada por la «confusión general resultante si cada una de las empresas pensara que la distribución era problema de la otra» (Haspeslagh y Taubmann, obra citada).

Integración estratégica compleja. Las competencias fundamentales que trascienden a cada uno de los negocios de la cartera no sólo crean la base para la creación de valor al permitir el descubrimiento de nuevas interrelaciones valiosas, sino que también ayudan a identificar nuevas oportunidades de negocio que recurren a las competencias de varias unidades y las reconfiguran de maneras creativas (R. Burgelman e Y.L. Doz: «Complex Strategic Integration in the Lean Multibusiness Corporation»). El objetivo aquí es crear una cartera capaz de generar nuevos negocios internamente y, a partir de ahí, crear una competencia de autorrevitalización.

Hewlett-Packard, con su claro enfoque de creación de empresas en la intersección de Medida, Computación y Comunicaciones (conocido como estrategia «MC2»), representa una de estas carteras. En 1994, más del 60% de las ventas de HP procedían de negocios que no existían en 1990, y casi todo el crecimiento venía de productos y negocios que se desarrollaron internamente. En estos casos, la creación del valor tiene tanta relación con el crecimiento y la reinvención de la cartera de negocios basados en competencias fundamentales como con la racionalización de activos existentes o la protección de negocios existentes.

En resumen, identificar la configuración idónea de la cartera de negocios es una tarea de la alta dirección que en ocasiones implica perseguir algo más que las nociones convencionales de «afinidad». Al abordar esta labor, el consejero delegado debe intentar responder a las preguntas siguientes:

1. ¿Es el valor del conjunto de activos y negocios combinados dentro de una sola empresa mayor que la suma de los valores de estos negocios como unidades independientes? La cartera debe beneficiar a las unidades de negocio y las unidades de negocio deben añadir valor a la cartera. Es posible que la afinidad, o potencial de «sinergia», entre los distintos negocios de una cartera no sea obvia y, por tanto, a menudo es necesario redescubrir las dimensiones más valiosas de afinidad.

2. ¿Cuál es la lógica subyacente de creación de valor para la cartera elegida? A pesar de que algunos consejeros delegados se centran en maximizar la eficiencia en el nivel de unidad de negocio, otros intentan desarrollar una estrategia compuesta de creación del valor que aprovecha sinergias entre negocios. ¿Hay una buena correspondencia entre la cartera de activos de una empresa y su modelo de creación del valor? El intento de definir la lógica de la cartera plantea dos

cuestiones: ¿qué tipos de activos queremos y qué conexiones necesitamos entre ellos? Las respuestas a estas preguntas son claramente independientes. La lógica de la cartera es el resultado de dos factores: la historia de la empresa (las cartas que nos han repartido) y la interpretación creativa de las oportunidades por parte de la alta dirección de la empresa (cómo jugamos esa mano). Mediante el desarrollo de un proceso para esta interpretación creativa de oportunidades, el consejero delegado tiene un papel destacado en la determinación de la composición de la cartera.

Lógica de la creación de valor: teoría de afinidad del consejero delegado

En la configuración de la cartera, el consejero delegado expresa de modo implícito, si no lo hace explícitamente, los supuestos sobre cómo competirá la empresa y generará un valor superior al que podría conseguir cada uno de sus negocios por separado. La lógica de la creación del valor gira en torno a la comprensión del modelo de negocio, la intensidad de los recursos, el riesgo y las competencias críticas necesarias para el éxito como organización diversificada. Para ilustrar este punto, observemos algunas declaraciones explícitas de lógica de creación de valor.

Cada uno de los negocios de Hanson Trust es estratégicamente defendible y diferenciado. Cada uno de ellos tiene una importante cuota de mercado. No es probable que estos negocios atraigan a nuevos competidores o estén sujetos a cambios tecnológicos. En estas circunstancias, las disciplinas para una buena dirección general, como el proceso presupuestario, los controles, los incentivos, la autonomía y los gastos generales bajos pueden ofrecer oportunidades para una extraordinaria creación de valor. Desde la perspectiva de un negocio, la ventaja de pertenecer a la cartera de Hanson deriva de las disciplinas de dirección general que ofrece (o impone) la empresa principal. Desde la perspectiva de grupo, la ventaja consiste en tener negocios estratégicamente defendibles que disfruten de ventajas similares a las de los monopolios. Además, en algunos sectores industriales maduros puede que las empresas, como entidades independientes, no tengan a su alcance esas habilidades directivas de alta calidad. En definitiva, Hanson puede atraer y retener mejores directivos que cada una de sus empresas «miembros» por sí solas, y darles mejores herramientas de gestión.

Hasta cierto punto, pero en una escala global, General Electric sigue una lógica similar. Como ya hemos dicho, la lógica inicial de cartera consistía en reunir «buenos negocios». GE vendió negocios, como los de electrónica de consumo, que no cumplían el criterio de ser el número uno o el número dos, y consolidaban las actividades que pudieran cumplirlos; por ejemplo, la generación de imágenes para uso médico. La reestructuración de cartera en GE durante el mandato de Jack Welch se llevó a cabo mediante la venta de negocios por valor de 7.000 millones de dólares y la compra de más de 17.000 millones de dólares. En la actualidad, más del 50% de GE se dedica a los servicios financieros. Al igual que en el modelo de negocio de Hanson, el proceso de gestión de GE impuso una disciplina a las distintas empresas y mejoró su rendimiento.

Sin embargo, al mismo tiempo, y frente a la lógica de creación del valor de Hanson y otros conglomerados, GE también ha triunfado en la gestión selectiva de enlaces interempresa; por ejemplo, mediante su brazo financiero para el arrendamiento de grandes sistemas, como motores de avión a reacción, plantas de generación de energía o sistemas médicos. En cambio, GE no ha conseguido crear nuevas oportunidades en negocios emergentes como la «fábrica con futuro», en que ser el número uno o el número dos no tenía significado. Cuando GE invirtió en el apenas emergente sector de automatización de fábricas, las fronteras de las empresas no estaban claras y la organización se enfrentaba a competidores no tradicionales. Tras una serie de adquisiciones y un poco de experimentación, GE abandonó ese negocio. El enfoque de selección de cartera de GE se aplica sólo a negocios existentes con fronteras razonablemente claras. Ser el número uno en la industria multimedia, en su actual etapa de desarrollo, significa muy poco; igual que en la automatización de fábricas hace diez años.

Aunque la lógica de creación del valor en GE está clara (y muchos consejeros delegados la adoptan ciegamente como modelo para su propia empresa) y su éxito es ampliamente reconocido, es importante tener en cuenta que Welch empezó con unos recursos al alcance de muy pocas empresas o de sus consejeros delegados. Tomemos el caso de Motorola, que no empezó con un conjunto de grandes empresas dominantes a salvo de la competencia japonesa y europea. La estrategia de creación del valor de Motorola fue otra. Se basa en la implacable búsqueda de la calidad («6 Sigma»), en mejoras continuas y radicales («10 X»), y en la voluntad de situar a la empresa en el comienzo de la ola de crecimiento de negocios emergentes como los semiconductores, la telefonía móvil y celular, y en mercados emergentes como China, ASEAN e India. Otro elemento clave de la estrategia de Motorola es la integración de las nuevas tecnologías y mercados en patrones que se apoyan mutuamente. Implícita en la lógica de creación del valor de la empresa está la capacidad para apostar en nuevos productos, aumentar las ventas, crecer rápidamente, utilizar precios agresivos, alcanzar dimensión global y sustituir los productos antiguos por otros nuevos.

Evolución dinámica. Cuando definen la configuración de su cartera y su lógica de creación de valor, los directivos deben desarrollar también una visión de patrones probables de desarrollo del sector y también una estrategia para influir en ese desarrollo. El liderazgo intelectual de un sector es un ingrediente crítico para desarrollar nuevos negocios (Hamel y Prahalad, obra citada). Hay muchos ejemplos de invención de nuevos modelos de creación de valor para empresas simples, aún en sectores muy consolidados. He aquí algunos:

- Swatch se hizo con el liderazgo del negocio de relojes de pulsera mediante la introducción de la última moda, el diseño europeo, la excelencia y un bajo coste de fabricación y tecnología, y a través del desarrollo continuo de producto en un sector en que los suizos habían perdido su liderazgo. La unión de la última moda con la alta tecnología y la eficiencia constituye un nuevo modelo de creación de valor, así es que Swatch se hizo con el liderazgo del negocio de relojes de pulsera. Seiko y Citizen también mejoraron su eficiencia, pero no tuvieron en cuenta la demanda de moda «a la Swatch».
- Nike introdujo intensidad publicitaria, diseño, tecnología avanzada, segmentación de mercado y logística global en un sector antiguo y tradicional.
- Levi Strauss está experimentando con la personalización en masa de vaqueros adaptados a la medida, basándose en nuevas tecnologías de la información y en nuevos métodos de fabricación, así como también en la capacidad logística.

Benetton, Charles Schwab, Wal-Mart, CNN, Southwest Airlines y British Airways son otros ejemplos de empresas que han inventado nuevos modelos de creación de valor.

El descubrimiento de un nuevo modelo de creación de valor empieza con el desarrollo de una previsión sectorial a través de una valoración atenta e imaginativa de impulsores, tendencias y discontinuidades críticas del mercado. La alta dirección debe asegurarse de que la previsión del sector se basa en una profunda comprensión de las fuerzas del cambio. Esto exige un proceso de investigación dentro de la empresa en el que participe un número suficientemente elevado de personas de todos los niveles de la organización para garantizar que se reúne y procesa una amplia variedad de aportaciones (G. Hamel: «Strategy as Revolution»). El objetivo de este proceso no es acumular más visiones analíticas, sino crear una nueva «síntesis», que utilice perspectivas de todas las disciplinas distintas dentro de la empresa para identificar nuevas oportunidades que a menudo resultan «invisibles» a los miembros del sector (G. Szulanski e Y.L. Doz: «Strategy Formulation as Disciplined Imagination»). Después de utilizar este proceso para desarrollar una hipótesis de trabajo, a continuación los directivos deben validarla mediante un proceso de pruebas de bajo coste basadas en el mercado.

Pasar de los negocios independientes a empresas constituidas por mercados y competencias afines, aunque diferenciadas, añade cierta complejidad. Parte de esta dificultad deriva del grado de cohesión de la cartera y la lógica de creación de valor. Un modelo de negocio innovador y el descubrimiento de nuevas oportunidades influirán en el enfoque de configuración de cartera. Por el mismo motivo, una decisión sobre la cartera sugiere una lógica implícita de creación de valor. Por ejemplo, Hanson y Hewlett-Packard difieren notablemente en su cartera, en su horizonte de oportunidades y, por tanto, en su lógica de creación de valor.

Pocos consejeros delegados abordan esta relación de manera explícita. A pesar de que la cartera se reconfigura con frecuencia, el modelo de creación de valor subyacente no se reexamina de modo explícito. Identificar un conjunto de oportunidades de negocio basadas en las competencias fundamentales existentes e identificar las competencias fundamentales que serán necesarias para gestionar una cartera de negocios deseada en el futuro son tareas críticas; y ambas exigen pensamiento creativo. Los directivos previsores utilizarán estas valoraciones de la competencia para descubrir nuevos patrones de relaciones en su cartera actual de negocios, así como nuevos negocios que podrían ampliar rentablemente esta cartera (Burgelman y Doz, obra citada).

La lógica de creación de valor se convierte, pues, en el vínculo intelectual entre la cartera de negocios real y el gobierno de la empresa. Juntamente con los activos tangibles necesarios para implementarla, los modelos de negocio básicos para cada uno de los negocios y para su integración determinan las competencias que es necesario desarrollar y mantener. Por ejemplo, en una cartera en que se crea valor mediante el desarrollo continuo de nuevos productos y negocios que recurren a competencias y conocimientos expertos que atraviesan las fronteras de las unidades de negocio existentes, es importante gestionar las relaciones entre las distintas unidades de negocio. También es crítica la capacidad de una empresa para intercambiar recursos entre fronteras con el fin de capturar oportunidades emergentes (C. Galunic y S. Rodan: «Resource Combinations in the Firm: Knowledge Structures and the Potential for Schumpeterian Innovation»). En este sentido, la estabilidad de la unidad de negocio no es necesariamente una virtud, sino que probablemente se convierta en un obstáculo (C. Galunic y K.M. Eisenhardt: «The Evolution of Intracorporative Domains: Divisional Charter Losses in High-Technology, Multidivisional Corporations»).

Expresar las motivos subyacentes tras la cartera. A la mayoría de los consejeros delegados no les resulta fácil expresar los vínculos entre la configuración de la cartera y la lógica de creación de valor. En primer lugar, a menudo consideran que son aspectos separados. A pesar de que estén dispuestos a comentar la lógica de la configuración de la cartera de negocios de modo muy explícito, los consejeros delegados no suelen expresar su modelo de creación de valor. Al no hacerlo, evalúan las grandes adquisiciones y otras oportunidades de inversión por sus propios méritos; una práctica que tiene como consecuencia la subestimación sistemática del valor de los vínculos interempresa y limita las posibilidades de establecer configuraciones de cartera más valiosas.

En segundo lugar, los directivos acostumbran a ser poco críticos en cuanto a la adopción de modelos de negocio muy conocidos y, por tanto, impiden utilizar una perspectiva más estratégica sobre la configuración de su cartera. Entre los enfoques de creación de valor «no estratégicos» más utilizados se encuentran la reestructuración y la reingeniería, modelos orientados básicamente a la reducción de costes. Otro enfoque se centra en la reducción de tiempos de ciclo. A pesar de que la atención a costes, productividad y tiempos de ciclo es crucial, este enfoque se centra sólo en las eficiencias. La creación de valor también está relacionada con el crecimiento y con el desarrollo de nuevos negocios. Cuando el equipo de alta dirección acepta la idea de que la creación de valor continuada debe incluir la consecución de un crecimiento rentable, los modelos de reducción de costes pierden importancia. Aunque el impulso continuo en busca de eficiencias sigue siendo crítico, la búsqueda de crecimiento asume un papel aún más destacado en la lógica de creación de valor y en las decisiones de cartera. La moda de la reingeniería y las verdaderas mejoras de productividad que se han conseguido con ella han impedido que muchos consejeros delegados vean la necesidad de adoptar un pensamiento estratégico con respecto a la creación de valor en sus empresas.

En tercer lugar, las carteras de negocios de las empresas no siempre son sensibles a una lógica coherente de creación de valor. Analicemos, por ejemplo, el caso de Kodak. A comienzos de los años noventa, el entonces consejero delegado luchaba por identificar y validar una lógica de cartera, y algunos de sus supuestos, como la ventaja de desarrollar actividad tanto en productos químicos como en productos farmacéuticos, fueron cuestionados desde el principio. En 1993, la cartera de Kodak estaba compuesta por actividades como generación química de imágenes (película y papel), copiadoras, impresoras, reactivos médicos, fármacos OTC y propios, productos químicos a granel y detergentes. El consejero delegado que le sustituyó podó la cartera de negocios y la redefinió como «Negocios de Imagen» (química y electrónica) diseñados para aprovechar vínculos y nuevas oportunidades. Asimismo, vendió otras empresas, como Eastman Chemical, Sterling Drugs y Lysol Cleaners.

En cuarto lugar, debido a que el proceso de desarrollo de un modelo de creación de valor y su integración con la empresa es un proceso creativo condicionado por el tiempo, pueden producirse errores y a menudo ocurren. Por ejemplo, Daimler-Benz diversificó a lo largo de la década de los ochenta, debido a la convicción de Edzard Reuter y su equipo de que se convertirían en un centro desde donde podrían resolverse todas las necesidades de viajes y comunicaciones de la sociedad, mediante importantes inversiones en negocios que abarcaban desde transporte terrestre, aéreo y ferroviario hasta las telecomunicaciones. Visiones similares de centros de compras proporcionaron el argumento básico de numerosas adquisiciones en los servicios financieros y productos multimedia. Sin embargo, a partir de entonces los acontecimientos sugirieron que los consumidores no otorgaban un valor suficientemente elevado al centro de compras para justificar los costes asociados a la construcción de una red de negocios no afines. En reconocimiento de este aspecto, el sucesor de Reuter, Jürgen Shrempp, empezó a deshacerse de empresas del sector de la aviación y de la mayoría de negocios de AEG en electrodomésticos. Otros negocios, quizá como preludio de su venta, formaron *joint-ventures* con socios para los que resultaban más estratégicos. A diferencia de Daimler-Benz con Reuter, otras empresas pueden sufrir cuando la lógica de creación de valor del consejero delegado es demasiado limitada y da demasiada importancia a la autonomía de la empresa y, por tanto, no tiene en cuenta las oportunidades de valiosos vínculos entre unidades. El notable fracaso de AT&T en su penetración en mercados emergentes y su definitiva escisión en tres empresas puede constituir un ejemplo de gestión deficiente derivada de un diseño defectuoso. A pesar de que la cartera de negocios de la empresa sugería un modelo de creación de valor basado en sinergias y en la integración entre unidades de negocio, la estructura de gobierno daba importancia a la autonomía de la empresa.

En quinto lugar, la lógica de creación de valor puede dejar de tener vigencia, pero el consejero delegado no siempre lo reconoce. Antes de que su consejero delegado lo notara, Intel tenía mucho más éxito con los microprocesadores que con las memorias (R. Burgelman: «Fading Memories: A Process Theory of Strategic Exit in Dynamic Enviroments»). En el sector de las compañías aéreas, British Airways, entre todas las aerolíneas europeas, observó la importancia de las tecnologías de la información y adoptó innovaciones de gestión del rendimiento mucho antes que sus competidores, que seguían fieles a un modelo de creación del valor técnico (como Lufthansa) o político (como Air France), (M. Lehrer: «Comparative Institutional Advantage in Corporate Governance and Managerial Hierarchies: The Case of European Airlines»).

Gobierno interno: la creación de valor en acción

La decisión de la cartera y la formulación de la lógica de creación de valor casi nunca son actividades independientes que recaigan sólo en el consejero delegado. Están determinadas, al menos en parte, por el proceso de estrategia interna y la interacción de la unidad de negocio con los intereses y perspectivas de la organización. En este sentido, la lógica de creación de valor del mañana es consecuencia del proceso de gobierno interno de ayer: ¡no necesariamente una situación ideal! En muchas empresas, los intereses creados y las preocupaciones sobre centralización y el papel de la organización frente al de las unidades de negocio oscurecen el debate e impiden al consejero delegado descubrir o implementar un nuevo modelo de creación de valor. En estos casos, podemos decir que el consejero delegado es prisionero del sistema de gobierno vigente.

En una empresa diversificada, el gobierno interno proporciona la estructura para las relaciones de las partes con el todo. ¿Cómo se definen las partes? ¿Cómo se relacionan con la dirección de la empresa y entre ellas? ¿Es la estructura de gobierno coherente con la cartera y con la lógica de creación de valor? Éstas son algunas de las preguntas críticas a que se enfrenta el consejero delegado. Un proceso de gobierno interno que no sea coherente con el modelo de creación de valor impedirá a la empresa realizar su potencial de cartera.

Creemos que es necesario aplicar un enfoque sistemático para comprender la lógica del sistema de gobierno interno. Esta lógica se apoya en los siguientes bloques:

1. Claridad estructural basada en la definición de las unidades administrativas básicas en que se divide la empresa.
2. Procesos administrativos que permiten el diálogo entre unidades, la evaluación del rendimiento y la determinación de un sistema de responsabilidades y recompensas.
3. Premisas básicas o supuestos clave sobre el tipo y calidad de interacciones entre los bloques fundamentales de la empresa, así como otros valores y conductas que todos los empleados deberán entender y apoyar.

A continuación, los analizamos con más detalle:

Claridad estructural. Independientemente de la configuración de la cartera de la empresa, una gran organización debe fragmentarse en unidades administrativas más reducidas para poder ser gestionada eficazmente. Las empresas pueden organizarse por producto y áreas de negocio, por especialización funcional y por situación geográfica. En muchas situaciones, cada uno de los programas o proyectos pueden ser también unidades de fragmentación. Sin embargo, en todas las grandes empresas existe la necesidad de definir, al menos, los bloques fundamentales comerciales, geográficos y funcionales.

En la mayoría de empresas, el debate no gira en torno a la necesidad de tres dimensiones, sino en torno a los papeles relativos de las tres dimensiones. ¿Cuál de los tres modos de organización, por producto, función o área geográfica, constituye la base más sensata para estructurar unidades y para gestionar las interacciones entre ellas? (S. Ghoshal y C.A. Bartlett: «Matrix Management, Not a structure, A Frame of Mind». C.K. Prahalad e Y.L. Doz: «The Multinational Mission: Balancing Local Demands and Global Vision»). Tras responder a esta pregunta, las siguientes preguntas clave son: ¿qué tamaño debería tener una unidad estratégica de negocio o SBU (*Strategic Business Unit*)?, ¿debería cada unidad de negocio contar con el conjunto completo de recursos que necesita? y, finalmente, ¿qué grado de independencia debería tener su misión?

Algunas empresas se han fragmentado en muchas unidades para establecer un entorno internamente «competitivo», ya sea entre actividades existentes o entre iniciativas de nuevo crecimiento propuestas por directivos individuales. Cuando una empresa atraviesa un proceso de racionalización, puede tener sentido fragmentar la organización en pequeñas unidades independientes, pues esto proporciona un enfoque y una clara responsabilidad con respecto a la reducción de costes. Sin embargo, el argumento a favor de una descentralización radical es cada vez más débil a medida que los vínculos entre unidades y sus competencias fundamentales son cada vez más importantes. Por ejemplo, ABB dio marcha atrás de su extrema descentralización para capturar posibles sinergias entre sus unidades de negocio. Además, en empresas que se enfrentan a pocas decisiones de inversión, aunque muy importantes, estas decisiones casi nunca recaen en los directivos de las unidades de negocio. Tomemos el caso de los grupos aeroespaciales. Aunque algunos están relativamente diversificados, la mayoría sólo tienen una docena de programas de productos clave, y las principales decisiones de inversión en estos programas no pueden descentralizarse del mismo modo que en 3M, con sus 60.000 productos.

Con todo, es importante reconocer que ningún proceso de asignación de recursos permitirá a la alta dirección afrontar decisiones con una profundidad considerable si el número de unidades de negocio es demasiado elevado: suele considerarse que, de 30 a 40, se roza el límite. Algunos de los problemas asociados a tener muchas unidades de negocio pequeñas pueden limitarse a que los líderes de sector o de «grupo» asignen recursos a unidades dentro de sus industrias en un proceso de asignación en varias etapas y varios niveles. Los directivos de nivel medio pueden animar a las unidades de negocio a que colaboren con otras para crecer mediante la identificación de oportunidades que, aunque transcienden el ámbito de sus unidades de negocio individuales, prometen beneficios a todas.

Sin embargo, aun con estas compensaciones, es posible que una estructura de gobierno constituida por numerosas unidades de negocio pequeñas de lugar a una subinversión en tecnologías críticas y en mercados emergentes. Así, aunque empresas como ABB pueden seguir describiendo su enfoque de descentralización como «la gestión de un gran número de unidades emprendedoras», las exigencias de crecimiento interno y la creciente presión para intercambiar recursos entre los principales negocios y áreas geográficas de la mayoría de empresas requerirán que la alta dirección trate con menos grupos y más grandes. También harán que sea necesario prestar mayor atención al papel de los directivos de nivel medio para fomentar la cooperación entre unidades de negocio.

En una empresa descentralizada y diversificada, los directivos responsables de una unidad administrativa, ya sea una unidad estratégica de negocio o un territorio defenderán una misión independiente y un conjunto completo de recursos. Esto hace que funcionen como si fuesen unidades independientes y recurran selectivamente a los servicios de la empresa sólo cuando lo consideren adecuado. Este enfoque de gobierno puede funcionar bien en organizaciones como Hanson (teniendo en cuenta su cartera y su lógica de creación de valor), pero no funcionará en Kodak o en HP. En estas empresas, son demasiadas las oportunidades que atravicsan cualquier configuración de líneas de unidad administrativa y que es posible que «caigan entre las grietas» creadas por las fronteras de las unidades de negocio.

Para garantizar la identificación y el seguimiento de todas las oportunidades prometedoras es probable que la organización necesite «membranas semipermeables» en lugar de muros que separen las unidades administrativas. ¿Cuál es, entonces, el significado de una unidad? ¿Un proyecto temporal, un punto focal para concentrar esfuerzos y asignar recursos? Aunque el área de I+D funciona de este modo desde hace tiempo, ¿puede extenderse este enfoque a toda la organización?

Procesos administrativos. La naturaleza del diálogo entre las unidades administrativas y la dirección de la empresa debe ser coherente con la lógica de creación de valor adoptada por el consejero delegado. La infraestructura administrativa y técnica proporciona una base formal y un marco para el diálogo dentro de la empresa en forma de planes de negocio anuales, presupuestos trimestrales, previsiones de rendimiento y disciplinas de diseño generales. El diseño de las infraestructuras en que se apoyan estos procesos y el modo en que se utilizan pueden tener un gran impacto en el tipo de diálogo que se establece entre el personal y los directores de línea. El diálogo puede ser distante, como el caso de Hanson. En este enfoque, el diálogo se produce principalmente a través de los sistemas administrativos; de ahí la necesidad de fuertes controles presupuestarios y de la presencia de un fuerte equipo de dirección en las unidades de negocio. Sin embargo, uno de los supuestos clave de este enfoque, sostenible sólo en empresas maduras de lentos movimientos, consiste en tener «menos sorpresas».

Analicemos ahora el caso de Canon, que se mueve en mercados de elevado crecimiento, rápidamente cambiantes. En este caso, el diálogo entre empresas se describe como comunicación «de corazón a corazón, de mente a mente». La toma de decisiones por consenso y el profundo conocimiento de los negocios y mercados por parte de empleados en todos los niveles son factores críticos para el éxito de la empresa. El proceso de control administrativo puede actuar como la espina dorsal de frecuentes e intensas comunicaciones personales en todos los niveles de dirección, pero no es ni mucho menos un sustituto.

Premisas, valores y conductas básicos. A pesar de que la claridad estructural y los procesos administrativos constituyen la anatomía y la fisiología de la empresa, su psicología (cómo actúa dentro del amplio marco de su estructura) está determinada por sus premisas y sus valores básicos, sus creencias y comportamientos. Por premisas básicas entendemos las expectativas clave de directivos y empleados impuestas por el consejero delegado y la alta dirección. Por ejemplo, una premisa básica en empresas como HP y 3M es la expectativa de renovación continua de negocios, medida mediante el porcentaje de ventas procedentes de nuevos negocios. Esto no sólo impone una expectativa de crecimiento, sino, además, de crecimiento interno. En Motorola, la premisa de las «6 Sigma» sugiere que la empresa buscará la perfección en todo lo que haga y en todas sus relaciones, incluso en las que tiene con sus proveedores.

Otro importante objetivo de un consejero delegado al establecer y comunicar premisas básicas en una organización debería consistir en aclarar el tipo y la calidad de interacciones previstas entre unidades de negocio y otros bloques estructurales; una expectativa que es difícil de transmitir en un proceso administrativo como el sistema de control y evaluación de la empresa. Por ejemplo, en el caso de GE, tras la descentralización inicial, Jack Welch estableció la premisa básica del comportamiento «sin fronteras» para fomentar la información y las mejores prácticas en todas las fronteras, a través de niveles jerárquicos, países y empresas dentro de la empresa. En este caso, el supuesto de que una gran empresa representa un laboratorio de buenas prácticas y de que hay un valor en compartirlas a través de fronteras tiene prioridad sobre la autonomía incorporada a los procesos estructurales y administrativos.

A pesar de que estos procesos suministran el marco básico para organizar y controlar los recursos de la empresa, comunicar mejores prácticas e inculcar los valores y el comportamiento adecuados es esencial para crear un entorno de aprendizaje favorable para directivos y empleados. Para superar el efecto fragmentario de una estructura administrativa descentralizada es necesario que las premisas y los valores básicos estén aceptados en toda la empresa. Los consejeros delegados acostumbran a patrocinar iniciativas para comunicar estas premisas y valores a directivos y empleados de toda la organización.

Los valores y comportamientos claramente entendidos y compartidos son importantes por dos motivos principales. En primer lugar, en un entorno industrial volátil, ninguna estructura es capaz de prever todos los ajustes que, en ocasiones, deben efectuar los directivos y los empleados. Los directivos deben ir más allá de las funciones predefinidas y responder de modo que aumente el valor de toda la organización, no sólo sus propias unidades de negocio. En segundo lugar está la exigencia de un crecimiento rentable. En muchas, si no en la mayoría de las empresas existe una creciente presión por descubrir nuevas oportunidades que les permitan apalancar sus competencias. La reconfiguración constante de competencias para abordar nuevas oportunidades obligará a frecuentes cambios de estructura y quizá sea necesario volver a definir las fronteras entre unidades de negocio. Mantener la continuidad en cuanto a valores y principios generalmente deja cierto margen para introducir grandes cambios en la cartera de negocios y en el sistema de gobierno interno. Dada la importancia que actualmente se concede a la flexibilidad y al crecimiento rentable, es probable que los valores y reglas de comportamiento lleguen a ser tan importantes como la estructura formal, en tanto que fuente de claridad y estabilidad organizativa en una era de cambio constante en competidores, productos, precios y clientes.

Búsqueda de la armonía

En el fondo, conseguir el sistema de gobierno interno adecuado consiste en lograr la armonía entre los tres elementos del sistema de gobierno: estructura, procesos administrativos y premisas y valores básicos. Es tarea del consejero delegado y de la alta dirección conseguir esta armonía y gestionar contradicciones aparentes, como exigir control y responsabilidad sobre el rendimiento de los directores de unidad, al mismo tiempo que se les deja suficiente libertad para experimentar y crear nuevas oportunidades de «espacio blanco» para el crecimiento, que se encuentran fuera de la estructura vigente.

La clave para el gobierno interno, entonces, está en comprender las implicaciones de la composición de la cartera y la lógica de la creación de valor, y utilizar los tres elementos de gobierno para armonizar las demandas complejas y conflictivas. Esta armonización puede adoptar distintas formas. En Hanson Trust, tenemos lo que podríamos describir como relación armoniosa, pero esencialmente estática entre la decisión de composición de la cartera, la lógica de creación de valor y el proceso de gobierno interno seleccionado por Lord Hanson. En Hewlett-Packard y Canon, en cambio, esta relación opera bajo configuraciones continuamente cambiantes. En estos casos, la armonía es dinámica, en evolución continua y enraizada en los procesos de cambio. Donde Hanson da importancia a estructuras y procesos formales, Canon y HP insisten en la continuidad de sus premisas y principios básicos y normas de comportamiento.

La lógica de creación de valor de HP y Canon concede gran importancia al espíritu emprendedor distribuido y a las carteras de negocios en evolución, todas ellas construidas sobre competencias fundamentales. A pesar de que, al parecer, las relaciones entre composición de cartera, creación de valor y gobierno cambian continuamente, la razón fundamental es potenciar al máximo la capacidad de la empresa para adaptarse a los cambios de su entorno.

Mantener la armonía estratégica es un reto para la mayoría de consejeros delegados, que, por lo general, utilizan dos tipos de enfoques de gobierno interno. En uno de los enfoques, el estilo de dirección determina el proceso. El estilo preferido del consejero delegado, ya esté explícitamente orientado al control o se defina como *hands-off* y descentralizado («todo va bien mientras cumplas el presupuesto»), tiene prioridad sobre el modelo de creación de valor y, en ocasiones, entra en conflicto con él.

En cambio, el otro enfoque, a veces, espera que las herramientas sustituyan al liderazgo personal, ya que el enfoque cada vez más formal de gobierno interno se ve impulsado por el entusiasmo de la descentralización y por indicadores de rendimiento, como el valor económico añadido. Lo que no suele reconocerse es que las decisiones de la alta dirección para valorar la contribución de una unidad de negocio en función del valor económico añadido suelen requerir una considerable descentralización de la toma de decisiones, que incluye, por lo menos, la descentralización parcial de las decisiones de inversión. Sin embargo, ¿es la fragmentación de la empresa en unidades de negocio independientes necesariamente apropiada en todos los casos? Creemos que no. Enfoques de gobierno como la fragmentación de la empresa en centros de valor económico añadido (u otras formas de unidades estratégicas de negocio), las organizaciones matriciales, los equipos y la descentralización deben evaluarse detenidamente en el contexto de la cartera y del modelo de negocio de una empresa.

Dilemas y posibilidades de intervención del consejero delegado

La mayoría de los sistemas de gobierno profesan lealtad a un «precepto legal» y no a una «norma humana». Sin embargo, incluso en las organizaciones más condicionadas por las normas, queda cierto margen para la «intervención» del consejero delegado, para saltarse los procesos administrativos cuando obstaculizan el resultado o el comportamiento deseados. Por ejemplo, en una empresa donde la paga de incentivos de los directores de división se basa exclusivamente en el cumplimiento de los objetivos de rendimiento de la división, el consejero delegado puede reservarse el derecho de saltarse el sistema de bonos de la empresa y recompensar a un directivo por un excepcional trabajo en equipo, aunque su división no haya conseguido cumplir su objetivo. Especialmente en empresas diversificadas puede darse la circunstancia de que los distintos enfoques de gobierno impongan una lógica dominante que actúe como una camisa de fuerza sobre algunos negocios (C.K. Prahalad y R.A. Bettis: «The Dominant Logic: A New Linkage Between Diversity and Performance»). No obstante, con distintos modelos de intervención donde escoger, el consejero delegado puede adaptar sus sistemas de gobierno a las necesidades de la cartera y a la lógica de creación de valor.

Al determinar cuándo y cómo intervenir, el consejero delegado debe tener en cuenta las siguientes cuestiones:

1. ¿Qué aspectos del proceso de gobierno no son negociables y son obligatorios? En primer lugar están las cuestiones legales y normativas, así como la conformidad de los procedimientos contables. En muchas empresas también es necesaria la adaptación a la arquitectura técnica, que, a menudo, es una condición previa crucial para poder compartir competencias y componentes entre unidades de negocio. El cumplimiento de los estándares de rendimiento también acostumbra a ser obligatorio: en muchas empresas, es necesario cumplir los presupuestos para recibir recompensas en forma de bonificaciones y no hacerlo durante un prolongado período de tiempo podría desembocar en el despido. La adhesión a los valores de la organización no suele ser negociable. Dispensar un trato inadecuado a los clientes o no alcanzar los estándares de calidad son aspectos que quizá no se toleren ni siquiera acompañados de unos excelentes resultados financieros.

2. ¿Pueden algunos aspectos del sistema de gobierno interno alejarse de la política general de la empresa y adaptarse a la medida de una unidad de negocio específica, un área funcional o una zona geográfica? Por ejemplo, un programa de compensación poco utilizado, diseñado para atraer a los talentos idóneos para una empresa concreta, puede convertirse en una prerrogativa local.

3. ¿Cuál es el papel de la equidad percibida en el sistema? Es muy importante que los empleados de todos los niveles de la empresa vean que el sistema es inherentemente equitativo. Para construir compromiso, lealtad y emoción en los empleados es necesario mostrar un profundo compromiso hacia la equidad. Sin embargo, la equidad es tanto una percepción como una realidad. Cuando pone en práctica la intervención selectiva, un consejero delegado debe preguntarse si eso se interpreta como una práctica no equitativa. Además, la equidad no es lo mismo que la uniformidad de sistemas y procedimientos. Por ejemplo, la uniformidad

puede interpretarse fácilmente como falta de equidad y de coraje, cuando se pide a todas las unidades que reduzcan la inversión, tanto si tienen éxito como si no lo tienen.

4. ¿Cómo pueden evitarse las señales mixtas en la organización? Los intentos por sintonizar el sistema pueden crear fácilmente varias interpretaciones de las expectativas que la alta dirección impone a la organización. Por ejemplo, la exigencia de crecimiento junto con la presión por mejorar los beneficios puede considerarse como una señal mixta si no se explica adecuadamente a la organización. Las señales mixtas pueden paralizar una organización. Sin embargo, sin señales complejas no es posible llegar al nivel idóneo de tensión y anticipación. Alcanzar el equilibrio es la clave del alto rendimiento.

5. ¿Cuál es el equilibrio entre la inversión en la continuidad y estabilidad de la empresa y la inversión en cambio y flexibilidad? Mecanismos de gobierno como la reingeniería, la reducción de plantilla y la reestructuración múltiple no sólo pueden desmoralizar a directivos y empleados, sino limitar la capacidad de la empresa para acumular y explotar conocimiento. La continuidad de equipos y procesos dentro de la empresa reduce espectacularmente los costes de transacción, ya que las personas trabajan unas con otras, establecen patrones de interacción, desarrollan confianza y acumulan activos intelectuales (Y.L. Doz y B. Chakravarthy: «Managing Core Competence Dynamically»). Además, conceder demasiada importancia a la estabilidad en un contexto de grandes cambios en el entorno externo generará parálisis. El cambio y la flexibilidad, que alteran el patrón de las interacciones, los flujos de trabajo y la combinación de habilidades de la organización son críticos para la supervivencia. El grado de armonía entre el modelo de negocio de la empresa y su sistema de gobierno se mide no sólo por lo bien que se unen unos con otros en un momento determi-

nado, sino por la capacidad de la empresa para fomentar la próxima ronda de desarrollo de competencias.

Cuando se plantean su función en la consecución de esta armonía, los consejeros delegados deben reconocer las dificultades inherentes. Además de los desafíos antes indicados, los consejeros delegados deben abordar otras grandes cuestiones. Por ejemplo, una parte importante de la oportunidad de creación de valor gira en torno a aumentar la imaginación de la organización y orientarla a aspiraciones que están más allá de la gama de los actuales recursos de la empresa. Los «objetivos de crecimiento» son muy motivadores cuando los empleados se comprometen voluntariamente a ellos, debido a que comprenden los motivos fundamentales subyacentes. En estos casos, el objetivo organizativo de crecimiento se transforma en el imperativo personal de «llegar». Sin embargo, si se impone por la vía administrativa, como suele ocurrir con los presupuestos, puede llevar al miedo, la ansiedad y la falta de honradez; los directivos dejan de ser sinceros y empiezan a ocultar tropiezos y a amañar números. El logro se refiere a compromiso y no a cumplimiento; a directivos y empleados que dedican voluntariamente su tiempo, sus esfuerzos y su imaginación.

De modo similar, el consejero delegado de una gran organización debe luchar por aportar claridad a las tareas, los valores, las expectativas de rendimiento y los estándares. Es la función de «mantener bien engrasada la máquina y reducir las pérdidas por fricción» en el sistema. Sin embargo, conceder demasiada importancia a la claridad puede destruir el entusiasmo experimental. Los experimentos capaces de cambiar el modo en que se gestiona el sistema en la actualidad y que desafían la lógica dominante son una importante fuente de vitalidad a largo plazo en una gran empresa. Los consejeros delegados deben demostrar su compromiso hacia el sistema vigente, al tiempo que plantan las semillas que lo cuestionarán.

Eficiencia e imagen pública del consejero delegado

El reto del consejero delegado es, pues, gestionar las interacciones entre configuración de cartera, creación de valor y gobierno, de un modo que garantice la armonía. No obstante, la armonía no sólo depende de las habilidades analíticas, sino también de la capacidad de motivar y aportar una dimensión emocional a la empresa. Análisis y pasión, claridad y experimentación, eficiencia e innovación deben coexistir: la tarea del consejero delegado es lograr un equilibrio ideal entre ellos.

A menos que sea muy cauto, puede que el consejero delegado se distancie demasiado de la realidad del negocio que está dirigiendo. Una ojeada a la agenda de un consejero delegado puede darnos pistas muy útiles de la existencia de este problema. Los compromisos externos, las revisiones rutinarias en la empresa, la agenda de la organización y el estilo y preferencias personales pueden dejar muy poco tiempo para estudiar detenidamente las oportunidades emergentes, ya sea en laboratorios, en fabricación o en la combinación cambiante de clientes. A pesar de que la distancia es el resultado natural del puesto, mantenerse informado de las cuestiones clave es consecuencia de la gestión activa del tiempo propio y de instalar procesos ad hoc que van más allá de los procesos formales. Los consejeros delegados no deben acaparar muchos detalles, sino que deben captar lo suficiente de los detalles emergentes para extraer la esencia. Por ejemplo, en la actualidad un consejero delegado debe estar informado sobre las tecnologías de la información para reconocer sus posibles efectos en la distribución y el comercio minorista, la interacción con los clientes, el márketing segmentado, la logística, la colaboración a distancia, la naturaleza del diálogo entre personas, equipos y unidades administrativas, y la estructura de costes de la empresa. El objetivo no es llegar a ser un experto en los detalles de la «realidad virtual» o de las técnicas de construcción de grandes bases de datos, sino reconocer sus consecuencias en el modelo de negocio de la empresa y en los procesos de gobierno interno. El objetivo del consejero delegado consiste en escuchar los argumentos, suspender su opinión y reconocer que no puede y no necesita tener una solución para todos los problemas a que se enfrenta la organización. Muchas de las soluciones evolucionan y el consejero delegado debe liberarse de la carga autoimpuesta de «conocer la respuesta» a todas las preguntas.

Por supuesto, la realidad es que los consejeros delegados, como todos nosotros, tienen sus limitaciones, incluyendo las que se derivan de su formación y de su estilo de dirección. Aunque muchos consejeros delegados reconocen el impacto potencialmente negativo de su estilo sobre los procesos de gobierno interno, pocos comprenden cómo limitar o contrarrestar este efecto. La dificultad estriba en modificar patrones de comportamiento y cuestionar los supuestos gerenciales con los que hemos crecido. La búsqueda de un consejero delegado externo suele impulsarla un sentido intuitivo, por parte de los miembros del consejo de administración, de la necesidad de una nueva estrategia de creación de valor y de una nueva cartera de negocios. Los consejos de administración llegan a la conclusión, a menudo dolorosa, de que nadie de dentro puede escapar con suficiente rapidez de la mentalidad y el estilo gerenciales enraizados. Emplear a un consejero delegado externo es una manera de abordar las limitaciones del consejero delegado actual y su equipo.

La imagen pública es fuente de otra sutil limitación de la eficiencia de un consejero delegado. La imagen pública del consejero delegado no puede ampliar ni limitar su capacidad para gestionar las interacciones entre las diferentes unidades de negocio y, más generalmente, entre el modelo de negocio y el sistema de gobierno. El consejero delegado puede construir su imagen pública mediante un esfuerzo consciente para influir en la organización, es decir, para atravesar capas de burocracia y llegar directamente a la base, o dejar que la prensa se ocupe de ello, con poca o ninguna cooperación por su parte. Sin embargo, como los políticos en campaña, los consejeros delegados no pueden ignorar su imagen pública ni pueden ignorar que esta imagen está sujeta a cambios y requiere un «mantenimiento» continuo.

La imagen pública del consejero delegado se refleja en la organización. Todos los empleados tienen acceso a esa imagen y la interpretan. Por ejemplo, la conocida imagen de Jack Welch como «Neutron Jack» sin duda ha ayudado a convencer a los directivos de GE de que es ineludible mantener la rentabilidad y una posición dominante de mercado. También asociados con la imagen de Welch hay otros mensajes: la subcontratación es aceptable, la falta de crecimiento interno es tolerable (si hay rentabilidad), la enajenación de negocios forma parte de la estrategia corporativa, la organización no se compromete con ninguna empresa concreta y el «nuevo contrato social» garantiza la empleabilidad, no el empleo.

La imagen pública de Bill Gates es algo diferente a la de Welch. En Microsoft la importancia se centra en el crecimiento, el dominio del mercado, en establecer sus productos como el estándar del sector, un amplio ámbito de negocio, enorme previsión e imaginación técnica y de mercado, rudeza e irreverencia. Los empleados de Microsoft reconocen que las contribuciones individuales son muy valoradas; que su empresa acrecienta constantemente el ámbito de sus actividades y desafía a los principales sectores tradicionales, como la banca y la educación, intentando cambiar su dinámica. Por supuesto, los consejeros delegados también pueden adquirir una imagen pública negativa: fama de indecisos, ninguna disposición al cambio y falta de conexión con las realidades de la nueva competencia. Ante un consejero delegado con esta imagen, ¿estarán los empleados dispuestos a comprometerse al cambio?

Una fuerte imagen pública tiene una serie de importantes ventajas:

- Puede construir confianza entre los accionistas. Jack Welch y el desaparecido Roberto Goizueta, de Coca-Cola, construyeron impresionantes reputaciones como aliados de los accionistas y como constructores de valor de mercado. Observemos, simplemente, qué ocurre cuando una empresa anuncia que Warren Buffett va a comprar una participación; las consecuencias de introducir en la empresa a un consejero delegado muy bien considerado suelen ser las mismas.
- Puede asustar a los competidores. Ser el número uno o el número dos, o adoptar el enfoque de Bill Gates para el lanzamiento de Windows 95, puede dar que pensar a los competidores.
- Puede inspirar confianza a la empresa, como en los casos de Bob Galvin durante los años ochenta en Motorola; de George Fisher también en Motorola y, más tarde, en Kodak, y de Percy Barnevik en ABB.

Por otra parte, también hay empresas muy conocidas con mucha reputación, como 3M, Marriott, Rubbermaid y la actual Motorola, cuyos consejeros delegados no tienen imágenes públicas bien definidas. ¿Por qué? La notoriedad y la imagen pública suelen recaer en consejeros delegados implicados en importantes esfuerzos de reestructuración y reingeniería. Estos acontecimientos proporcionan el dramatismo que tanto gusta a los medios de comunicación. Es menos probable que empresas como Motorola o 3M, que no han realizado grandes y dramáticas ofertas de absorción, cuyo cambio estratégico se ha basado en una visión a largo plazo de la evolución del sector, atraigan la atención de los medios de comunicación. Para estas organizaciones, la reinvención de la empresa es un esfuerzo continuo e intenso, pero con «pocos decibelios». Sus iniciativas de cambio acostumbran a depender fuertemente de los directivos de nivel medio y también de la alta dirección, un proceso mucho menos visible que las estratagemas en la cúpula, seguidas de la reestructuración de los activos y de la organización. Ser un consejero delegado poco conocido tiene sus ventajas; concretamente, mayor libertad para comunicar y gestionar el equilibrio entre los tres elementos clave de creación de valor dentro de la empresa. La desventaja, sin embargo, es que renuncia a la posibilidad de utilizar la imagen pública para dar resonancia a su mensaje.

En definitiva, la imagen pública del consejero delegado es una bendición a medias. Una vez creado un personaje fuerte, el consejero delegado no puede enviar a la organización un mensaje creíble que entre en conflicto con su imagen. En este sentido, el consejero delegado queda prisionero de la imagen. ¿Cuánto debería durar la imagen pública? ¿Deberíamos entender la imagen pública como una «franquicia de marca» con todas sus ventajas y limitaciones?

En la actualidad, el consejero delegado debe plantearse las siguientes preguntas: ¿puedo permitirme ignorar la imagen pública que puede estar emergiendo y su efecto sobre la empresa y sobre mi capacidad para dirigir?, ¿cómo me aseguro de que mis valores, intereses y objetivos son coherentes con los que implica el personaje público?, ¿cómo puedo cambiar eficazmente mi mensaje, quizá incluso más de una vez? Esto puede convertirse en un problema, especialmente cuando el consejero delegado lleva en el puesto diez años o más. No obstante, GE, con su cambio de orientación hacia cuestiones *soft* desde 1991, constituye la prueba de que un cambio como éste no puede realizarse sin perder credibilidad. Finalmente, ¿cuál es el impacto de una «lluvia» de publicidad sobre el consejero delegado como persona?

Conclusión

El consejero delegado es un elemento crítico del proceso de creación de riqueza. Directivos y empleados de todos los niveles pueden efectuar importantes contribuciones a la competitividad de la empresa, y un liderazgo de calidad puede fomentar estas aportaciones mediante la creación de un entorno favorable para la participación de los empleados. Creemos que el proceso de creación de este entorno empieza por el desarrollo de una relación armoniosa entre la cartera de negocios, la lógica de creación de valor y el sistema de gobierno interno. En las mayores empresas de la actualidad, especialmente las que están en sectores en crecimiento, el desarrollo y mantenimiento de esta armonía es un proceso evolutivo y dinámico. Además, los consejeros delegados se enfrentarán inevitablemente a determinados dilemas para gestionar este delicado proceso; concretamente, la necesidad de mantener la integridad de las disciplinas de rendimiento a corto plazo al mismo tiempo que fomentan la experimentación, la inversión en oportunidades de crecimiento (que puede perjudicar el rendimiento a corto plazo) y la colaboración entre unidades de negocio (que es difícil de incorporar a los programas de evaluación del rendimiento y de incentivos). Gestionar estos dilemas exige un buen sentido de la programación temporal y de la secuenciación, así como una notable sensibilidad social e intercultural. Es necesario identificar los distintos estilos directivos y, en los casos en que interfieran con la dirección eficaz, dejarlos de lado. Finalmente, es necesario que los consejeros delegados se pregunten si deberían o, incluso, si podrían evitar crear una imagen pública; y, si la respuesta es «no», cómo podrían utilizar esta imagen para afianzar el compromiso de sus empleados e inversores.

Co-creación de un valor único con los clientes

C.K. PRAHALAD* Y VENKAT RAMASWAMY**

Resumen

Una doble paradoja describe la economía del siglo XXI. Los consumidores tienen más elecciones que proporcionan menos satisfacción. La gestión a alto nivel tiene más opciones estratégicas que aportan menos valor. Esta realidad emergente está obligando a examinar de nuevo el sistema tradicional de creación céntrica de valor de una empresa, que tan bien nos ha servido durante los últimos 100 años. Los líderes necesitan un nuevo marco de referencia para la creación de valor (ver cuadro 1). Nosotros creemos que la respuesta se basa en una premisa centrada en la co-creación de un valor único con los clientes. Se comienza por reconocer que el papel del consumidor en el sistema industrial ha cambiado, desde el aislamiento a la conexión, de no te-

* C.K. Prahalad es profesor de Negocios de la Harvey Fruehauf.

** Venkat Ramaswamy es docente de Comercio electrónico del Michael and Mary Hallman y profesor de Marketing en la Escuela de Negocios de la Universidad de Michigan.

Este artículo se basa en el libro *The Future of Competition: Co-creating Unique Value with Customers* (Harvard Business School Press, 2004).

ner conocimiento a estar informado, de pasivo a activo. El impacto de un consumidor conectado, informado y activo se manifiesta de muchas formas.

Acceso a la información. Teniendo acceso a una cantidad de información sin precedentes, los consumidores informados pueden tomar decisiones con conocimiento de causa. Para las empresas acostumbradas a restringir el flujo de información a los consumidores, este cambio es radical. Millones de consumidores interconectados están desafiando de forma colectiva a las tradiciones industriales que abarcan sectores tan dispares como son las industrias del ocio, los servicios financieros y la atención sanitaria.

Visión global. Los consumidores también pueden acceder a la información de empresas, productos, tecnologías, rendimientos, precios y a las acciones y reacciones de consumidores en todo el mundo. Los límites geográficos en relación a la información todavía existen, pero éstos se están erosionando de forma veloz, de forma que están cambiando las reglas de la competitividad empresarial. Por ejemplo, el gran escrutinio que están realizando los consumidores acerca de las gamas de producto, precios y rendimientos existentes en las diferentes fronteras geográficas está limitando la libertad de algunas multinacionales para variar el precio o la calidad de los productos de un lugar a otro.

Interconexión. «Comunidades temáticas para el consumidor», en las que los individuos pueden compartir ideas y sentimientos sin preocuparse por las barreras geográficas o sociales, están revolucionando los mercados emergentes y transformando los ya establecidos. El poder de las comunidades para el consumidor proviene de su independencia de la empresa. En la industria farmacéutica, por ejemplo, la transmisión de información sobre las experiencias del consumidor con un medicamento, y no sus pretendidos beneficios, está afectando las demandas de los pacientes. La interconexión de los consumidores invierte la tradicional fórmula vertical de comunicaciones del marketing.

Experimentar. Los consumidores también pueden utilizar internet para experimentar con productos y desarrollarlos, especialmente los digitales. Consideremos el MP3, compresión estándar para codificación de audio digital, desarrollado por el estudiante Karlheinz Brandenburg y comercializado al público por el Fraunhofer Institute en Alemania. Una vez que los consumidores con conocimientos tecnológicos comenzaron a experimentar con el MP3, surgió un movimiento real para compartir archivos de audio que ha desafiado a la industria musical. El genio colectivo de

Cuadro 1 **El nuevo marco de referencia para la creación de valor**

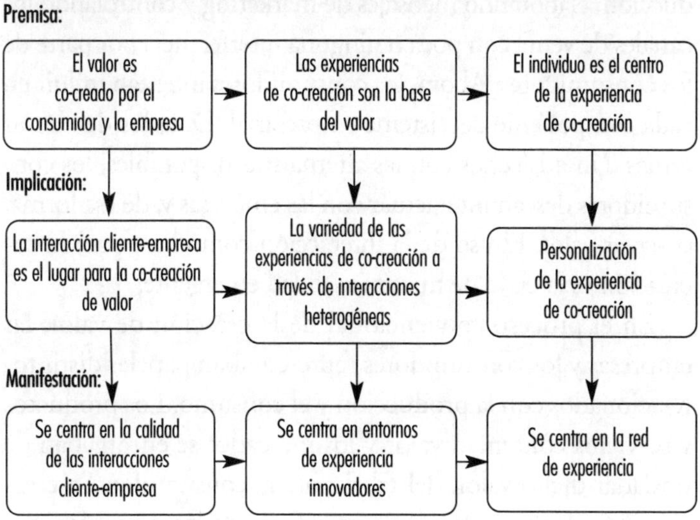

los usuarios de software en todo el mundo ha permitido el co-desarrollo de productos tan populares como el software del servidor web Apache y el sistema operativo Linux.

Activismo. Al tiempo que la gente aprende, puede discernir mejor a la hora de hacer una elección, y, al tiempo que se intercomunican a través de una red, se animan unos a otros a actuar y hablar. Cada vez más, los consumidores proporcionan respuestas no solicitadas a las empresas y a unos y otros. Cientos de páginas web ya están perpetuando el activismo del consumidor, muchas teniendo como objetivo empresas y marcas específicas. Por ejemplo, AOL Watch de America Online cuelga las quejas de los clientes antiguos y actuales de AOL.

Co-creación de valor

¿Cuál es el resultado neto del cambiante papel de los consumidores? Las empresas no pueden seguir actuando de forma autónoma, diseñando productos, desarrollando procesos de producción, elaborando mensajes de marketing y controlando los canales de venta con poca o ninguna interferencia por parte de los consumidores. Ahora, los consumidores intentan influir en cada componente del sistema empresarial. Dotados de nuevas armas e insatisfechos con las alternativas disponibles, los consumidores desean interactuar con las empresas y, de esa forma, co-crear valor. El uso de la interacción como base para la co-creación es la clave de nuestra realidad emergente.

En el proceso convencional de la creación de valor, las empresas y los consumidores representaban papeles distintos relacionados con la producción y el consumo. Los productos y servicios contenían valor y los mercados se encargaban de trasladar dicho valor, del fabricante al consumidor. La creación de valor tenía lugar siempre fuera de los mercados. Sin embargo, cuanto más nos acercamos a la co-creación, esta distinción desaparece. Los consumidores se involucran cada vez más tanto en los procesos de definición como de creación de valor. La experiencia de co-creación del consumidor se convierte en la verdadera base del valor.

El futuro de la competencia, no obstante, radica en un nuevo enfoque conjunto para la creación de valor, basado en una co-creación de valor centrada en el individuo, entre consumidores y empresas. Dotados de estas nuevas armas de conexión, los consumidores desean interactuar y co-crear valor, no sólo con una empresa sino con todas las comunidades de profesionales, proveedores de servicios y otros consumidores. La experiencia de la co-creación depende mucho de los individuos. La unicidad de cada persona afecta al proceso de co-creación así como a la experiencia de co-creación. Una empresa no puede crear nada de valor sin el compromiso de los individuos. La co-creación sustituye al proceso de intercambio.

El nuevo marco de referencia para la creación de valor

¿Cómo sería un nuevo sistema consistente interno basado en la co-creación de valor? Los directivos deben ocuparse de la calidad de las experiencias de co-creación, no sólo de la calidad de los productos y procesos de la empresa. La calidad depende de la infraestructura para la interacción entre empresas y consumidores, orientada a la capacidad de crear una variedad de experiencias.

La empresa debe innovar con eficacia «los entornos de experiencia» que permitan la diversidad de las experiencias de co-creación. Debe construir una «red de experiencia» flexible que permita a los individuos co-construir y personalizar sus experiencias. Finalmente, los papeles de la empresa y el consumidor convergen en una experiencia única de co-creación o en una «experiencia de uno».

Hay que tener en cuenta lo que no es co-creación. Ni es la transferencia o externalización de actividades a los clientes ni una personalización marginal de los productos y servicios. Tampoco es el guión o el escenario de acontecimientos oroginados por el cliente en torno a las diversas ofertas de la empresa. Hoy en día, este tipo de interacción empresa-cliente ya no satisface a la mayoría de los consumidores.

El cambio que estamos describiendo es mucho más fundamental. Implica la co-creación de valor a través de interacciones personalizadas, que son significativas y sensibles para el consumidor específico. La experiencia de la co-creación (no de la oferta) es la base de un valor único para cada individuo. El mercado comienza a parecerse a un foro organizado en torno a los individuos y a sus experiencias de co-creación, más que en torno a bolsillos pasivos que demandan las ofertas que las empresas sugieren.

El modelo DART para la co-creación de valor

Considérese la experiencia de co-creación desde la perspectiva de una empresa. La empresa y sus proveedores pueden aprender más sobre los consumidores y obtener nuevas ideas para el diseño, la ingeniería y la fabricación. Los empleados, desde los ingenieros de diseño hasta los carpinteros, pueden entender mejor las aspiraciones, deseos, motivaciones y comportamientos del cliente, así como encontrar un equilibrio adecuado en relación a las características y las funciones. Mediante un diálogo continuo, los empleados pueden relacionar sus esfuerzos con los consumidores individuales. La empresa puede reducir la incertidumbre existente en torno a los compromisos de capital e incluso descubrir y eliminar fuentes de riesgo ambientales.

Sin embargo, el proceso de co-creación, exigente como es, plantea algunas preguntas importantes a los directivos:

- Mantener un diálogo en profundidad con los consumidores requiere una inversión intensiva de tiempo. ¿Cómo puede mi empresa interactuar de forma intensiva con cada consumidor y mantener a su vez la eficacia operativa?
- La co-creación permite al consumidor decidir acerca del diseño del producto a un nivel que hasta ahora había sido inusual. ¿Cómo puedo mantener los altos estándares de calidad de producción renunciando al mismo tiempo a controlar ciertos aspectos sobre el diseño?
- La transparencia permite a los consumidores interactuar con mi empresa de una forma que puede revelarse como intrusismo potencial. ¿Qué grado de acceso voy a permitir que tengan los consumidores a lo largo de la cadena de demanda?
- Los consumidores individuales se encuentran en el centro de la experiencia de co-creación. ¿Cómo trato con las demandas heterogéneas de mi base de consumidores?
- El hablar públicamente de las alternativas de las que disponen, ofrece a los consumidores un grado de control sobre los riesgos que asumen, pero no necesariamente sobre las responsabilidades. ¿Dónde establezco la línea de riesgos aceptables y dónde comienzan y terminan mis responsabilidades legales?
- La co-creación lleva a la empresa a una visión centrada en el individuo que demanda. ¿Cómo funciona la previsión de demanda bajo circunstancias tan impredecibles como éstas?

Los bloques de construcción de co-creación

Como la interacción entre consumidor-empresa se convierte en el lugar de creación de valor, necesitamos entender el proceso de co-creación a través de sus bloques de construcción claves: diálogo, acceso, evaluación del riesgo y transparencia, el modelo DART de la co-creación de valor.

Diálogo. El diálogo significa interactividad, compromiso y una propensión a actuar en ambos lados. El diálogo es algo más que escuchar a los consumidores: implica un aprendizaje compartido y la comunicación entre dos iguales que intentan solucionar un problema. El diálogo crea y mantiene una comunidad leal. Consideremos a los clientes de Cisco Systems, el fabricante líder de equipos de redes de ordenadores. La empresa reconoció que sus clientes eran competentes y creó Cisco Connections Online, una plataforma que proporciona una serie de servicios interactivos y en red y rápido acceso público a la información, a los recursos y a los sistemas de Cisco. Esta red permite a los clientes de Cisco dialogar entre ellos, ayudarse mutuamente a solucionar los problemas técnicos de unos y otros y mejorar la experiencia que se tiene de Cisco poniéndola a disposición de todos.

Acceso. El acceso comienza con la información y las herramientas. Considere la empresa Taiwan Semiconductor Manufacturing Company (TSMC), una de las empresas más grandes y más creativas de semiconductores del mundo. TSMC ha proporcionado a sus clientes acceso a los datos de sus procesos de fabricación, diseño, documentos de fabricación y diseño y procesos de calidad. De esta forma y como el negocio de semiconductores se orienta cada vez más al software, incluso las pequeñas empresas de software pueden acceder a la base de conocimiento de los grandes fabricantes como es la empresa TSMC, reduciendo la necesidad de inversión para participar con eficacia en el negocio de los semiconductores.

Evaluación de riesgo. Aquí el riesgo se refiere a la probabilidad de daño al consumidor. Si los consumidores son co-creadores activos, ¿deberían también compartir responsabilidades de riesgo? El debate sobre el consentimiento informado y las responsabilidades de empresas y consumidores continuará probablemente durante años. No obstante, podemos asumir con seguridad que los consumidores participarán cada vez más en la co-creación de valor. Insistirán en que las empresas les informen sobre todos los riesgos, no sólo proporcionando datos sino también metodología adecuada para evaluar el riesgo personal y social asociado con productos y servicios.

La evaluación de riesgo y la elección con conocimiento de causa recibió un gran espaldarazo a partir de la decisión tomada por la Administración norteamericana reguladora de la alimentación y de los fármacos de volver a introducir en el mercado el Lotronex, un medicamento utilizado en el tratamiento del síndrome de colon irritable. Después de que GlaxoSmithKline introdujera por primera vez el Lotronex en el año 2000 fue consumido por más de 275.000 pacientes. Cuando determinados efectos secundarios causaron varias muertes, Glaxo retiró el medicamento del mercado: habían transcurrido menos de diez meses desde su introducción en el mercado.

En la edad del consumidor activo, la historia no terminó aquí. Miles de pacientes que padecían colon irritable protestaron y pidieron a la FDA que volviera a aprobar el uso del fármaco bajo controles más estrictos. En el año 2002 la FDA consintió la nueva introducción del fármaco.

Transparencia. La empresas se han beneficiado, tradicionalmente, de la asimetría de la información entre el consumidor y la empresa. Esta asimetría está desapareciendo rápidamente. Las empresas no pueden asumir por más tiempo la opacidad de los precios, costes y márgenes de beneficio. Y dado que la información sobre productos, tecnologías y sistemas empresariales es más accesible, la creación de nuevos niveles de transparencia se está convirtiendo en algo recomendable.

Condideremos la revolución en curso en el comercio de valores. Instinet, una agencia broker global, utiliza tecnología avanzada para permitir a los gestores de fondos de inversión colectiva de minoristas, de 401(k), y de IRAs, y de otros planes de inversión negociar entre ellos el mejor precio de ejecución para una venta directa, las 24 horas al día en más de 40 mercados de todo el mundo. El nuevo nivel de transparencia desde el comienzo del ciclo de operaciones pasando por la evaluación de coste post-comercial y la liquidación permite a los clientes de Instinet determinar en tiempo real los costes de su operación. Dicha transparencia de operaciones está atrayendo a inversores individuales, dando poder a muchos de ellos para operar junto a instituciones.

Los bloques de construcción en combinación

Combinar los bloques de construcción de transparencia, evaluación de riesgo, acceso y diálogo permite a las empresas involucrar mejor a los clientes como colaboradores. La transparencia facilita el diálogo colaborador con los consumidores. La experimentación constante, unida al acceso y a la evaluación de riesgo en ambas partes, puede llevar a nuevos modelos empresariales así como a funcionalidades diseñadas para permitir experiencias de co-creación más convincentes (ver cuadro 2). Incluso empresas convencionales como Sony, están involucrándose actualmente en diálogos de colaboración con los consumidores, que ayudaron a co-desarrollar la PlayStation 2 de Sony. Desde Intel a Microsoft o Nokia, los consumidores están ayudando para dar forma a una nueva tecnología, que abarca desde elementos habilitados para Web y software de red hasta teléfonos móviles. Ellos contribuyen al debate, tanto técnicamente como en términos de sus expectativas y visiones de valor. De esta manera, están co-formando el futuro.

Cuando las empresas combinan los cuatro bloques de construcción DART de diferentes maneras, pueden crear las nuevas e importantes capacidades que aquí mencionamos:

Cuadro 2 **Migrar a experiencias de co-creación**

	Intercambio tradicional	Experiencias de co-creación
Objetivo de interacción	Extracción del valor económico	Co-creación de valor a través de las convincentes experiencias de co-creación, así como la extracción de valor económico
Lugar de interacción	Una vez al final de la cadena de valor	Repetidamente, en cualquier parte y en cualquier lugar del sistema
Relación empresa-cliente	Basada en la transacción	Conjunto de interacciones y transacciones centradas en series de experiencias de co-creación
Visión de la elección	Variedad de productos y servicios, características y funcionalidades, producto, rendimiento y procedimientos de funcionamiento	Experiencia de co-creación basada en la interacción a través de múltiples canales, opciones, transacciones y la relación precio-experiencia.
Patrón de interacción entre empresa y cliente	Pasivo, iniciado por la empresa, uno a uno	Activo, iniciado tanto por la empresa como por el cliente, uno a uno o uno a muchos
Centrarse en la calidad	Calidad de los procesos internos y lo que las empresas tienen en oferta	Calidad de interacciones cliente-empresa y experiencias de co-creación

Acceso y transparencia. Unir el acceso con la transparencia refuerza la capacidad del consumidor para realizar elecciones con conocimiento de causa. Por ejemplo, los consumidores en Estados Unidos disponen de un acceso instantáneo a la tasa de rendimiento de las opciones de inversión ofertadas por la mayoría de las empresas de servicios financieros. Particularmente, también tienen un razonable nivel de transparencia en lo relativo al historial de diversas opciones de inversión y a la calidad de los servicios ofertados, las experiencias de otros clientes con cada empresa. Por lo tanto, los consumidores pueden realizar mejores elecciones entre las opciones de inversión y las empresas.

Diálogo y evaluación de riesgo. Combinar el diálogo con la evaluación de riesgo refuerza la capacidad para debatir y co-desarrollar la elección de política pública y privada. Por ejemplo, la existencia de un diálogo basado en la claridad, un mayor escrutinio de las empresas y la diseminación de la información respecto a los riesgos asociados a fumar, está llevando a la sociedad a desarrollar nuevas políticas así como a facilitar elecciones privadas más informadas. Los debates que se están desarrollando se refieren a preguntas como: ¿Deberíamos permitir que las empresas tabaqueras vendan sus productos de modo que atraigan a niños y adolescentes? ¿Deberían venderse los cigarrillos en máquinas expendedoras o en internet? ¿Deberíamos regular y controlar el tabaco tan estrictamente como el alcohol o los fármacos con receta? Actuando como ciudadanos, los individuos están afectando significativamente a la política pública, incluso cuando toman decisiones privadas informadas como consumidores.

Acceso y diálogo. Al unir acceso con diálogo se fortalece la capacidad de desarrollar y mantener las comunidades temáticas. Para promocionar la exitosa película *El señor de los anillos: La comunidad del anillo*, New Line Cinema accedió a más de 400 páginas web no oficiales de fans, dándoles información, conociendo su reacción ante los detalles de la película y ofreciéndoles acceso al equipo de producción.

Transparencia y evaluación de riesgo. Al combinar transparencia con evaluación de riesgo se fortalece la capacidad de co-desarrollar confianza. Por ejemplo, el debate en el caso de responsabilidad sobre neumáticos de Firestone-Ford se centró en la cantidad de información que Ford y/o Firestone tenían sobre riesgos asociados con la combinación de vehículos, presión de los neumáticos y condiciones de conducción. ¿Debería haber desvelado Firestone toda la información sobre riesgos bien documentados solamente o también los riesgos no documentados y sospechosos merecen un debate legítimo?

Muy pocas industrias y empresas se presentan voluntarias para revelar los riesgos y debatirlos con grupos de consumidores. ¿Deberían las empresas de servicios financieros disponer de una «declaración de derechos del consumidor»? ¿Deberían los inversores estar informados claramente, en su idioma, sobre los riesgos en vez de en jerga legal? Los consumidores deben confiar en las empresas con las que se involucran en la co-creación. «Cuando dudes, revela» se está convirtiendo rápidamente en el lema de las empresas inteligentes.

Las nuevas dinámicas de co-creación. Tal y como hemos visto, los elementos de DART (diálogo, acceso, evaluación de riesgo y transparencia) son los bloques de construcción básicos de la co-creación de valor, y los directivos las pueden combinar de diferentes maneras. Aunque muchas empresas e industrias están experimentando con estos elementos, y se acumulan las pruebas de que la naturaleza de la creación de valor está cambiando, muchas empresas no están capacitadas para hacer suyo el nuevo marco de la co-creación ¿Por qué?

Una gran parte de la respuesta es que fundamentalmente, la co-creación reta a los papeles tradicionales de la empresa y del consumidor. La tensión se manifiesta en los puntos de interacción entre el consumidor y la empresa, donde se da la experiencia de co-creación, donde los individuos ejercitan la elección y donde se co-crea el valor. Los puntos de interacción proporcionan oportunidades de colaboración y negociación, explícita o implícita, entre el consumidor y la empresa, así como nuevas oportunidades para aquellos procesos que fracasan.

Descubrir las siguientes prácticas. Obviamente, los directivos necesitan un enfoque radicalmente diferente para reiniciar el crecimiento y las capacidades de innovación de sus empresas. Vemos emerger una nueva frontera de creación de valor repleta de frescas oportunidades. Pero para que las perspectivas se cumplan de manera satisfactoria deberemos enmarcar y practicar la creación de valor de una manera totalmente diferente a como lo hacíamos en el pasado.

Reconociendo que el sistema tradicional se está quedando obsoleto, muchas empresas ya están probando nuevos supuestos empresariales. En la economía emergente, la competitividad se centrará en las experiencias de co-creación personalizada, dando como resultado un valor que es realmente único para cada individuo.

La gestión de la MNCD: la búsqueda de un nuevo paradigma

Y.L. DOZ* Y C.K. PRAHALAD**

Resumen

El presente artículo revisa y evalúa las contribuciones explícitas e implícitas que varias escuelas de la teoría de la organización han aportado al desarrollo de una línea de investigación basada en la gestión de las empresas multinacionales y resume lo que se contempla como el paradigma emergente de la gestión de la multinacional. A pesar de que la contribución que han realizado algunas escuelas ha sido esencial, hemos llegado a la conclusión de que se podrían haber aprovechado más grandes oportunidades de «fertilización cruzada» entre los teóricos de la organización y los estudiantes de gestión estratégica de las multinacionales. Principalmente, esto se debe a que rara vez se tienden puentes que unan las diferencias que existen entre el desarrollo teórico y el entendimiento fenomenológico.

* INSEAD, Fontainebleau, Francia.

** Postgrado en Administración de Empresas, Universidad de Michigan, Ann Arbor, Michigan, Estados Unidos.

La creciente intensidad de la competitividad global (Porter, 1986), el desarrollo de las empresas multinacionales (Dunning y Pearce, 1985; Stopford, Dunning y Haberich, 1980) y el correspondiente interés académico y de gestión que ha suscitado el papel que representa la empresa multinacional diversificada (MNCD) (Barlett y Ghoshal, 1989; Ghoshal, 1987; Prahalad y Doz, 1987) se hallan tan bien documentados en la bibliografía existente que no hace falta volver a repetirla aquí. Mientras que siempre ha existido un gran debate acerca de la naturaleza de la competición global y de la MNCD, se ha prestado muy poca atención a los marcos conceptuales y teóricos que se utilizan para analizar las MNCD y su gestión. En numerosas ocasiones se ha intentado analizar diversos aspectos de la MNC a partir de una base teórica ya establecida. Por ejemplo, Buckley y Casson (1986), y Hennart (1982) intentaron encontrar una lógica racional a la MNC utilizando la perspectiva de los costes de transición. Otros (véase Dunning, 1973, 1980, 1981) han insistido mucho en la necesidad de encontrar una teoría «ecléctica» que explique las MNCD. En el presente artículo exponemos que, en general, la investigación de los estudiosos del funcionamiento de las MNC se halla escindida entre los que defienden la línea de seguir utilizando los paradigmas existentes y los que desean no contar con las teorías existentes y con lo que éstas les puedan aportar. No es de extrañar que exista tal discrepancia si se tiene en cuenta que, debido a la propia naturaleza simplificadora de sus supuestos subyacentes, los paradigmas ya existentes no son del todo adecuados para poder atrapar toda la complejidad y la riqueza que encierra una MNCD, y si también se tiene en cuenta que los estudiosos de las disciplinas rara vez han considerado a la MNCD como objeto de investigación.

El desarrollo de una «escuela de procesos» que ha investigado las MNCD durante los últimos 15 años ha conducido a la aparición de un nuevo paradigma. Este artículo confronta en un *vis-à-vis* este nuevo paradigma con las «corrientes» existentes de la teoría de la organización con el fin de resolver la discrepancia existente entre los teóricos de la organización y los estudiosos de las MNCD. Nuestra exposición consta de tres pasos principales. Primero, describiremos la naturaleza de la MNCD –su complejidad y su alcance. Presentaremos algunos requisitos básicos que debe cumplir el paradigma que vaya a utilizarse para estudiar una MNCD. Segundo, analizaremos los paradigmas que han predominado en los estudios que los investigadores han realizado sobre las organizaciones (que no tienen que ser necesariamente una MNCD) y evaluaremos la adecuación y la adaptabilidad de determinados paradigmas al estudio de las MNCD. Finalmente resumiremos lo que ha sido el proceso de búsqueda de un nuevo paradigma y presentaremos las contribuciones que ha aportado a la gestión de multinacionales una escuela de procesos de investigación.

La naturaleza de la MNCD y la «especificación» de un paradigma válido para la investigación

En este apartado, que se basa en el análisis empírico e inductivo de los procesos de gestión de las MNCD, intentamos explicar cómo la complejidad de la MNCD, en calidad de organización, obliga a cumplir determinados requisitos a cualquier teoría que pretenda ser útil a la hora de analizar, conceptuar y explicar las labores de gestión propias de la MNCD.[1]

Consideramos que la diferencia esencial existente entre las MNCD y otras organizaciones más sencillas proviene de la combinación de consecuencias que tienen la multidimensionalidad y la heterogeneidad.

La multidimensionalidad proviene de la propia naturaleza de las MNCD: éstas cubren múltiples mercados geográficos, cada uno con múltiples líneas de producto, con actividades multifuncionales típicas como son ventas, fabricación, servicio, I+D, etc. Por consiguiente, las MNCD se enfrentan al problema de estructurar las interfases que existen entre todas estas dimensiones múltiples, que son además inherentes a sus actividades. A su vez, multidimensionalidad implica que no puede existir una «solución» jerárquica unidimensional y simple para estructurar las MNCD (Beer y Davis, 1976); Davis y Lawrence, 1977; Doz, 1976, 1979; Prahalad, 1975; Stopford y Wells, 1972). Más allá de la *indeterminación estructural de las MNCD* existe la necesidad de tener en cuenta multitud de intereses externos que se ven reflejados también internamente, así como los múltiples caprices de las decisiones y de las opciones existentes. Los sencillos conceptos que explican lo que son las organizaciones centralizadas frente a las descentralizadas se descomponen al ser confrontados con la multidimensionalidad estratégica, estructural y política. Se necesitan enfoques «multifocales» más complejos que sean capaces de equilibrar constantemente las prioridades de las diferentes dimensiones (Doz, 1979, 1986) que se hallan contenidas en los diferentes grupos de gestión.

La heterogeneidad proviene de las diferencias existentes entre los equilibrios óptimos que se alcanzan entre las diferentes actividades comerciales, países, funciones y tareas y actúa como una función de toda la gama de características económicas y políticas que difieren entre sí dependiendo de los países y que afectan de maneras bastante variadas a cada una de las actividades comerciales y de las tareas. Por consiguiente, las MNCD son organizaciones muy heterogéneas. Cualquier teoría de organización que uno exponga para aplicarla a las MNCD deberá incorporar dicha heterogeneidad.

En particular, ciertas actividades comerciales y funciones pueden ser mucho más «globales» que otras, que son más «locales».

Las ventajas de la globalización frente a la necesidad de la receptividad y la adaptación a nivel local varían dependiendo de las actividades comerciales, los países y las funciones. Por consiguiente, la teoría de organización que pueda ser aplicada a una MNCD, deberá incorporar un *enfoque diferenciado relativo a las actividades comerciales, países y funciones* y ser lo suficientemente flexible para lograr equilibrar las múltiples dimensiones existentes.

La necesidad de diferenciación dificulta relativamente el desarrollo de una teoría estructural sobre MNCD. De hecho, exceptuando si abogamos por una organización de matriz, que también es una forma de reconocer la indeterminación estructural, una teoría estructural sobre la MNCD tendría poco que ofrecer. Necesitamos una teoría que sea capaz de traspasar las dimensiones estructurales para centrarse en los procesos subyacentes. En este sentido, todo lo relacionado con la información y el control se vuelve esencial. Más que la estructura formal, lo que realmente importa es el flujo informal de la información (Egelhoff, 1982). Así, los que importan realmente son los procesos de influencia y poder, los que explican *cómo* se equilibran los múltiples intereses y las múltiples dimensiones existentes.

Si tenemos en cuenta la evolución de las fuentes que proporcionan ventajas en la competencia global, se acrecienta la percepción de lo importante que son los flujos de información. A medida que los diferentes competidores de todas las partes del mundo alcanzan la paridad en lo referente al acceso de los recursos (incluyendo la tecnología), las fuentes de la capacidad competitiva han pasado de ser factores específicos de lugar a ser ahora factores específicos de empresa y capacidades organizativas globales que permitan coordinar la utilización de recursos para poder responder instantáneamente a cualquier oportunidad que surja en cualquier parte del mundo. Los oligopolios internacionales tradicionales y estables que cuentan con un puñado de competidores «amistosos» están siendo reemplazados por una rápida sucesión de monopolios potenciales de plazos más cortos y sólo las empresas que sean más ágiles y cuenten con una mayor capacidad de discernimiento podrán identificarlos y explotarlos. Si bien es cierto que estos cambios están afectando de manera irregular a los diferentes sectores del globo (los servicios financieros y el sector electrónico van a la cabeza, mientras que los productos más tradicionales y estables como son por ejemplo las ruedas se ven menos afectados) la situación que estamos viviendo parece sugerir que los investigadores deberían dejar de fijar tanto su atención en las infraestructuras físicas y en la distribución de recursos de las MNCD y centrarse en las redes de procesamiento de información y en la movilización de recursos de las MNCD (Doz y Prahalad, 1988; Martínez y Jarillo, 1989).

Sin embargo, no basta con adoptar un enfoque orientado hacia las redes de información y la capacidad organizativa. El tamaño y la complejidad de una MNCD típica, con cientos de unidades de actividades comerciales repartidas por numerosos países, implican que los vínculos y las interdependencias existentes no pueden planificarse y gestionarse de forma central. Es imposible poder predecir qué vínculos establecidos entre dos o más subunidades tendrán utilidad en un momento dado para una tarea en particular, pensamos que, probablemente, este tipo de situaciones se autorregularán. Por consiguiente, la gestión de las MNCD deberá contar con contextos de decisiones delegadas descentralizadas que permitan surgir las oportunidades de vinculación entre diferentes subunidades en diferentes puntos, niveles de organización y momentos. En este sentido, podría ser necesaria una perspectiva de relación interorganizativa para poder justificar las MNC policéntricas (Ghoshal y Bartlett, 1990).

Esta propuesta «enmaraña los límites» de la MNCD, ya que las relaciones contractuales dentro de la propia MNCD, así como las de la misma con los socios externos, con los clientes y con los proveedores dejarían de estar claras y bien delimitadas. La teoría de gestión de la MNCD también deberá tener en cuenta esta maraña de límites empresariales. En este caso, también parece apropiado adoptar un enfoque basado en una red interorganizativa.

La naturaleza de este proceso de gestión de una red descentralizada crea un equilibrio entre repetitividad y aprendizaje. Para que la organización de una MNCD pueda sobrevivir y conservar el valor de sus subunidades deberá conseguir que se dé repetitividad a bajo coste, es decir asegurarse de que exista una rutina y de poseer memoria organizativa que permita la repetición de patrones de interacción. Y al mismo tiempo, tendrá también que inventar, seleccionar y retener nuevos patrones de interacción cuando las condiciones externas exijan una respuesta innovadora. Esto implica el alcance de un delicado equilibrio entre la continuidad de las instituciones y la capacidad de cambio.

En resumen, el haber considerado la multidimensionalidad y la heterogeneidad de la MNCD nos ha conducido a especificar ciertas necesidades relativas a la organización de una MNCD y a su labor de gestión que una teoría de organización de MNCD debe tener en cuenta.

1. *Indeterminación estructural*: no parece ser útil ninguna estructura unidimensional, estable y única ni ningún concepto sencillo sobre estructuras como centralización o descentralización.

2. *Diferenciación interna*: los procesos de gestión deben diferenciar entre los diferentes países, productos y funciones del proceso de gestión.

3. *Optimización integradora*: es decir, la necesidad de que los procesos de gestión acojan diferentes balances de decisiones que equilibren las múltiples prioridades que contienen las diferentes dimensiones y que expresan diferentes grupos de directivos.

4. *Intensidad de la información*: la importancia de los flujos de información internos y externos de una MNCD es fundamental, ya que éstos se convierten en una fuente de ventaja competitiva y en una estructura implícita. Por consiguiente, la gestión de la información se convierte en una tarea central de la gestión.

5. *Vínculos latentes*: el hecho de que en una MNCD compleja no se pueden especificar previamente los vínculos y las interdependencias que van a darse, pero sí puede facilitarse la aparición de vínculos apropiados cuando surge la necesidad de ellos mediante un proceso descentralizado de autoestructuración.

6. *Organización en red y «limites enmarañados»*: crea la necesidad de incorporar expresamente las relaciones existentes entre socios, clientes y proveedores, así como relaciones en red entre las tareas de gestión.

7. *Aprendizaje y continuidad*: la tensión existente entre la necesidad de la repetitividad de las interacciones a bajo coste y de la necesidad de innovación y cambio.

Estas siete necesidades relativas a la organización y gestión de la MNCD crean una cuadrícula que permite revisar varias tendencias de la teoría organizativa y evaluar el cómo y hasta qué punto contribuyen a la comprensión de la gestión de la MNCD.

La aplicabilidad de la teoría de la organización al estudio de las MNCD

En el primer apartado hemos reflejado, desde un punto de vista fenomenológico, las distintas necesidades a las que se enfrenta la gestión de la MNCD, así como las condiciones que debería cumplir un paradigma teórico relativo a la gestión de las MNCD. En este apartado señalamos que las tendencias más importantes de la teoría de organización contribuyen al desarrollo de un paradigma de este tipo.

Los teóricos de la organización rara vez han centrado su investigación en las MNCD. Sin embargo, estos teóricos han tratado muchos asuntos que guardan relación con la MNCD y con otros que son conceptualmente similares. Vamos a examinar las contribuciones que los teóricos de la organización pueden hacer al estudio de las MNCD a partir de dos ángulos: ¿Cumplen las contribuciones los siete criterios que hemos determinado anteriormente? Y ¿Hasta qué punto son útiles a la hora de ayudar a conceptuar el proceso de gestión de la MNCD?

El estudio de las organizaciones complejas tiene una larga historia intelectual. Existen estudiosos ilustres que han contribuido con su esfuerzo a desarrollar dicho estudio. Por consiguiente, cualquier intento de resumir los estudios realizados en este campo debe acometerse con cautela y humildad. Debido a su propia naturaleza, al intentar hacer este tipo de resumen, se tiende a agrupar diferentes tendencias intelectuales, a extraer las premisas básicas que se ocultan tras las diferentes líneas de investigación y a generalizar. También hemos de decir, que nuestra intención *no* es la de centrarnos en una revisión exhaustiva de muchas y diferentes corrientes teóricas y de pensamiento, sino más bien la de subrayar la idea de cómo un número reducido de contribuciones fundamentales a la evolución de dichas corrientes ayudan a investigar las MNCD. Además, nuestra breve revisión se ha realizado desde una perspectiva muy concreta: hasta qué punto contribuyen estas teorías a la comprensión de las tareas concernientes al cumplimiento de las necesidades específicas de la gestión de las MNCD, tal y como la hemos descrito en el primer apartado de este artículo. Reconocemos los riesgos implícitos de esta propuesta, pero pensamos que ésta, aun con todas sus consideraciones, es parte importante de la elaboración de un nuevo paradigma.

Un reconocimiento implícito de la complejidad del fenómeno que vamos a investigar –las organizaciones complejas– es el hecho de que no exista un paradigma preponderante que pueda utilizarse para estudiar este fenómeno. Sin embargo, a lo largo de estos últimos 10 años, existen varias corrientes de pensamiento que han ganado importancia en la bibliografía académica. A continuación, procederemos a examinar dichas corrientes.

Teorías económicas acerca de la organización

La aplicación de las teorías económicas institucionales a las MNCD ha ido creciendo desde dos ángulos teóricos distintos que han ido entrecruzándose cada vez más: el análisis de los costes de transacción y la teoría del director-agente (Arrow, 1985; Williamson, 1975, 1985; Williamson y Ouchi, 1981). El primero se centra en los costes de transacción de los mercados y explica las organizaciones como una consecuencia del fracaso del mercado. El segundo se centra en los costes de transacción dentro de las jerarquías y en el coste de control y de cumplimiento de las organizaciones (Fama y Jensen, 1983; Jensen y Meckling, 1976).

El análisis de costes de transacción supone un gran punto de partida para analizar la elección de la forma institucional y por ello, también puede utilizarse para determinar los límites eficaces de una MNCD (Buckley y Casson, 1986; Dunning, 1980; Hennart, 1982; Teece, 1985). La utilidad del análisis de costes de transacción para investigar los procesos de gestión está limitada por los supuestos simplificadores que son inherentes a la categoría de «jerarquía» y centrarse principalmente en transacciones únicas como unidad de análisis. Por consiguiente, aunque el análisis de costes de transacción no viola formalmente los 7 criterios establecidos, su utilidad para nuestros propósitos se ve limitada si no incluimos las dimensiones contractuales reputadas (Kreps, 1984) y relacionales (Dore, 1983).

El análisis de los costes de transacción ha demostrado servir para analizar ciertos tipos de relaciones interorganizativas enmarcadas en el contexto norteamericano, tales como son las relaciones entre empresas de Estados Unidos y sus proveedores, la integración vertical (Monteverde y Teece, 1982; Stockey, 1983) y *joint ventures* de naturaleza muy restrictiva (Hennart, 1982). Sin embargo, el análisis de costes de transacción no explica las relaciones existentes entre las empresas japonesas y sus proveedores, cuya relación se basa en la confianza mutua y en la creencia de que los beneficios conjuntos (en oposición al interés propio) son valiosos dentro de un marco «en el que todos ganan» a largo plazo (Dore, 1983).

De hecho, una de las tareas de gestión de MNCD que plantea uno de los mayores retos es la convertir en «falsas» las suposiciones sobre las que descansa el análisis de coste de transacciones; de ahí el énfasis que ponemos en la importancia que tienen la cultura organizativa, el comportamiento y el control transparente (Ouchi, 1980), y la integración normativa de los directivos de una MNCD (Hedlund, 1981). Debido a la naturaleza de sus propias suposiciones acerca de los seres humanos y de las organizaciones, el análisis de los costes de transacción se abstiene de tratar asuntos de gestión.

Por otra parte, la teoría del agente analiza aspectos del control de gestión de varias formas de relaciones contractuales entre directores y agentes realizando una valiosa aportación al estudio de la gestión de MNCD. La teoría del agente no subraya aspectos relevantes de gestión al clasificar los asuntos de control en términos de «resultados» o «de comportamiento» (Eisenhardt, 1989). Por ejemplo, el modelo de control basado en los resultados aporta una perspectiva interesante que permite clasificar el problema que supone controlar las filiales; en especial aquellas filiales susceptibles a nivel nacional, sobre las que la central suele tener muy poca información, cuyo comportamiento es muy difícil de seguir y cuyos jefes no suelen compartir totalmente los objetivos de la central. Y a la inversa, el control que se ejerce mediante las filiales integradas de forma global puede considerarse un problema desde el punto de vista del control basado en el comportamiento, ya que la relación entre filiales especializadas e interdependientes se basa en que la central conoce sustancialmente las tareas que deben acometerse. De hecho, la central puede llegar a aportar las habilidades que precisan las filiales. La tarea, que consiste en crear mayores convergencias en los objetivos de la central y de las filiales, se promueve normalmente a través de la movilidad internacional de los directivos, sistemas de medición multidimensional y el deseo de crear un sentimiento de fines compartidos. En este sentido, la teoría del agente puede utilizarse como punto de partida para estudiar los aspectos de gestión de una MNCD. De hecho, la dicotomía existente entre el control basado en los resultados y el control basado en el comportamiento no es nueva y continúa siendo bastante simplista. Además, infravalora las dimensiones no económicas del control. La simplicidad de la elección binaria que propone impide la exploración de los sutiles preparados de control y gestión que utilizan las empresas (Lawrence y Dyers, 1983).

La bibliografía existente sobre cultura organizativa, que hace hincapié en un comportamiento y en un control característicos de un «clan» (Ouchi, 1980) y en la integración normativa de la MNC (Hedlund 1981), consigue algo muy necesario al subrayar la importancia de estas dimensiones no económicas: retar a las suposiciones simplificadoras propias del enfoque característico de la teoría del agente a mirar hacia otra dirección incluyendo modelos de control de afiliación psicológica y congruencia en los objetivos, algo que suelen pasar por alto las teorías económicas sobre organización y que lograrían desarraigar algo el interés económico propio y la racionalización.

Además, la teoría del agente implica la existencia de una relación jerárquica entre directores y agente, asumiendo implícitamente la centralización de la central. Como la teoría del agente entiende la organización como una serie de contratos, esta teoría puede no incluir la multitud de contingencias que pueden surgir al gestionar una MNCD. Al intentar extender el marco de la teoría del agente de forma que incluya una telaraña completa de relaciones en red, la tarea del investigador se vuelve más compleja y difícil a medida que tienden a desaparecer la naturaleza de las relaciones uno a uno, la sencillez de los contratos y las claras identidades del director y del agente.

Cada vez existen más teorías que relacionan los costes de transacción y las relaciones director-agente, pero éstas parten de unas suposiciones tan restrictivas y tan delimitadas socialmente que no pueden tratar otros asuntos que no sean los de gestión. Si bien es cierto que dichas teorías aportan un punto de partida útil para contemplar los límites de la empresa y los asuntos relativos al control, su formulación acerca de cómo funciona una organización está excesivamente simplificada como para ser una herramienta útil para estudiar la gestión.

Teorías de adaptación al entorno

El problema de si las organizaciones se adaptan a su entorno para alcanzar el éxito, –o al menos, para lograr sobrevivir en él– y en caso de ser así, el cómo lo hacen, ha sido fundamental para la teoría de la organización durante décadas. Los temas que más resaltan dentro de la numerosa y diversa literatura existente acerca de la adaptación organizativa, que no vamos a nombrar al completo porque sería imposible, son por una parte, el tema de la adaptación proactiva frente a la reactiva y la adaptación aleatoria y por otra los modos y procesos de adaptación. Estos temas se estudian a distintos niveles de poblaciones globales de organización, áreas organizativas, y organizaciones individuales y sus subunidades. Como cada uno de estos niveles es importante para la investigación de la gestión de las MNCD, como lo es también la polaridad entre adaptación activa y adaptación pasiva, centraremos nuestro análisis en las tres corrientes principales de la teoría de la adaptación al entorno: ecología de la población, teoría institucional y modelos de diferenciación-integración.

Ecología de la población

La ecología de la población aporta la «hipótesis cero» a la gestión estratégica de las MNCD: la ecología de la población asume que los recursos medioambientales se distribuyen uniformemente entre los «nichos» del entorno, y que una organización alcanzará el éxito o fracasará consecuentemente, dependiendo de si puede o no utilizar el nicho de recursos en el que se encuentra (Hannan y Freeman, 1977). La ecología de la población asume normalmente que las elecciones estratégicas que realizan las organizaciones son inverosímiles (Aldrich, 1979), aunque existen estudios recientes que distinguen entre los rasgos inamovibles «principales» de las organizaciones y los «periféricos», que pueden llegar a modificarse, de forma que la adaptación proactiva sería posible (Singh y Lumsden, 1990). Desde el punto de vista de la investigación de la gestión de MNCD, la ecología de la población parece ser más útil cuando señala las dificultades que limitan la viabilidad de poder redirigir estratégicamente las MNCD de forma satisfactoria (Hannan y Freeman, 1989). La ecología de la población llega a resultados similares a los obtenidos por algunos de los investigadores del proceso de gestión de las MNCD cuando subraya que la sobreadaptación a una condición medioambiental específica hace particularmente difícil el reaccionar ante los cambios (Aldrich, 1979; Doz, 1979; Prahalad y Doz, 1987). Sin embargo, el nivel de agregación de la teoría de la ecología de la población –las poblaciones de las organizaciones– habla muy poco del porqué o del cómo fracasan estas organizaciones a la hora de adaptarse, tal y como hemos comprobado en la bibliografía sobre procesos de gestión (Bartlett y Ghoshal, 1989; Doz y Prahalad, 1984).

El hecho de que la ecología de la población no tenga en consideración los problemas de gestión, pero si cuestione su relevancia, hace parecer un poco injusto aplicar a la ecología de la población los 7 criterios de adecuación de asuntos de gestión: la ecología de la población incumple prácticamente todos los criterios (ver tabla 1), aunque si es cierto que la ecología de población nunca pretendió analizar el comportamiento de gestión.

A pesar de todo, quizás podamos encontrarle alguna utilidad a la teoría de la ecología de la población situando el nivel de agregación en el que se aplica en el interior de las grandes empresas complejas, lugar donde podrá aportar una lógica que permita realizar la selección y la adaptación de las subunidades que componen la red MNCD, la red en sí es la población (Hannan y Freeman, 1989; Delacroix y Freeman, de pronta aparición). Prestar especial atención a los procesos de selección que tienen lugar dentro de la empresa y al éxito relativo de varios afiliados geográficos y líneas de producto en diferentes entornos a lo largo del tiempo según los procesos de gestión específicos y en ajustes de los sistemas de gestión, podría abrir una línea de investigación interesante que nos permitiera utilizar el razonamiento de la ecología de la población para estudiar la adaptación de las subunidades a los diferentes entornos bajo diferentes condiciones de gestión.

Teoría institucional

La adaptación de las subunidades a entornos «locales» diferenciados y a sistemas de gestión corporativa es, aproximadamente, la parte de la teoría institucional que más parece servir a la investigación de las MNCD. Según el concepto de los campos organizativos (Di Maggio y Powell, 1983), las interacciones, la conciencia mutua, la información y los patrones de comportamiento competitivo y coalicional entre las organizaciones, determinan su adaptación. Esta idea, en espíritu, concuerda claramente con la antigua categorización de las estructuras de la MNC (Fayeweather 1960; Perlmutter, 1969) y con los estudios clínicos más recientes que exploran la adaptación de las organizaciones a diversos tipos de entornos multinacionales (Bartlett y Ghoshal, 1989; Doz, 1976, 1979; Prahalad, 1975). La teoría institucional afirma que algunos de los procesos de institucionalización mas interesantes ocurren en las organizaciones que se extienden a lo largo de varios «campos» (Zucker, 1987), algo que concuerda con lo observado por parte de algunos estudiosos de las MNCD que piensan que, dentro del marco de las MNCD, tanto los procesos de gestión «multifocales» (Doz 1979, 1986) como los «transnacionales» (Bartlett y Ghoshal, 1989) son los más esperanzadores en lo concerniente a los planteamientos estratégicos y los que plantean los problemas más complicados relativos a la gestión.

La teoría institucional también es interesante en un segundo nivel de análisis, el que se centra en la adaptación de las empresas más que de las instituciones. Tanto Meyer y Rowan (1977) como Zucker (1983) recalcan la idea de que las organizaciones son entidades poderosas que aportan sentido y apelan a la conformidad del comportamiento individual. El hecho de que los responsables de las MNC se hallen sujetos tanto a las influencias corporativas como a las externas (Westney, de pronta aparición) les convierte en un territorio particularmente fértil para aplicar la teoría de la institucionalización.

A pesar de que el estado actual del desarrollo de la teoría institucional no es lo suficientemente específico como para aplicarla directamente a la gestión de las MNC –en lo referente al análisis y conceptualización de los mecanismos de institucionalización–, la teoría institucional proporciona una base teórica a los investigadores que les sirve de gran ayuda. Por ejemplo, esta teoría permite formular problemas sobre las relaciones central-filiales, así como sobre las posibles implicaciones de organización de las necesidades de la receptividad nacional y la integración global aplicadas a múltiples niveles de agregación, desde el nivel individual al nivel interorganizativo (Scott, 1987).

En resumen, el enfoque que da la teoría institucional a los fenómenos organizativos coincide en gran medida con los criterios establecidos anteriormente. El hecho de que rara vez se haya utilizado la teoría institucional para estudiar las MNCD pone de manifiesto la «juventud» de esta teoría, la falta de bases disciplinares de la que adolecen los estudiosos de las MNC (hablaremos de ello más adelante), y las diferencias metodológicas y epistemológicas que existen entre los investigadores de la teoría institucional y los investigadores clínicos que estudian la gestión de las MNCD. Sin embargo, parece que a medida que se desarrolla, la teoría institucional arroja gran esperanza sobre el estudio de los problemas y procesos propios de la gestión de las MNCD.

La teoría de la contingencia

Las teorías de la contingencia de la organización se desarrollaron principalmente en los años sesenta (Lawrence y Lorsch, 1967; Thompson, 1967, Woodward, 1965). La teoría de la contingencia ha influido claramente en la investigación sobre las MNC. Algunos ejemplos claros de la aplicación de la teoría funcionalista estructural de la contingencia a diversas formas organizativas de MNC son los tempranos modelos de adaptación estructural de las MNC a la diversidad geográfica y de producto (Fouraker y Stopford, 1986; Stopford y Wells, 1972). La investigación de los patrones y de los modos existentes de control ejercido por la central sobre las filiales (Doz y Prahalad, 1984; Ghoshal y Nohria, 1989; Hedlund, 1981; Negandhi y Baliga, 1981; Negandhi *et al.*, 1980) se ha formulado claramente como un modelo de contingencia. Sin embargo, éste modelo tenía en consideración tanto la adaptación de las filiales a su propio entorno como a la cultura y al estilo de la matriz, a pesar de que esto fuera más bien una cuestión relativa al isomorfismo institucional que está más cerca de la escuela institucional de la teoría de la organización. Los investigadores que han centrado sus esfuerzos en estudiar los flujos de información y las capacidades de procesamiento de información de las MNC han adoptado también claramente un marco contingente (es decir, Egelhoff, 1988) que ha encontrado una gran inspiración en la obra de Lawrence y Lorsch (1967) y en la de Galbraith (1973). Las investigaciones posteriores llevadas a cabo por Bartlett y Ghoshal (1986, 1989) también se inspiran claramente en un marco de contingencia, a pesar de que la interpretación de su análisis pormenorizado sobre 9 MNC se inspira en muchas corrientes teóricas y mantiene un enfoque fenomenológico.

Debido sobre todo a su interés por las respuestas diferenciadas a diversos entornos y a la integración de acciones entre los diversos entornos, de todas las ramas de la teoría de la organización, la rama basada en la contingencia ha sido la que ha influido de forma más directa en el estudio de la gestión de las MNC. Sin embargo, la teoría de la contingencia no aporta una respuesta a la cuestión sobre los cambios y la adaptación a los nuevos requisitos del entorno y por consiguiente, parte del problema que la ecología de la población plantea al estudio de la gestión sigue sin resolverse. El estudio empírico de la teoría de la contingencia ha sido en su mayoría estático, rara vez se han utilizado procesos de cambio para la investigación. Las excepciones más notables son las de Doz (1976, 1979), Doz y Prahalad (1981, 1987) y Prahalad (1975). La mayoría de las investigaciones basadas en la teoría de la contingencia, poseen un punto de vista estático y funcionalista que no permite incorporar fácilmente procesos de cambio a su teoría, exceptuando casos a un nivel muy general en el que se puede asumir que la dinámica del sistema se aplica a los procesos de cambio organizativos. Existen nuevas ideas recientes relativas a la teoría de la contingencia que plantean cuestiones tales como son la atribución de poder, la descentralización y el «desequilibrio» deliberado entre organización y entorno para crear un estado de tensión que facilite la adaptación (por ejemplo, Hamel y Prahalad, 1989; Norman, 1976). En la mayoría de los casos estas cuestiones plantean nuevos retos a la teoría de la contingencia. Si la alta gestión adopta una perspectiva funcionalista, la adaptación será considerada principalmente diseño y desarrollo organizativo. Esta perspectiva plantea la cuestión de cómo la alta gestión percibe la necesidad de ajustar la «adecuación», o, en general, la necesidad de responder a las nuevas condiciones del entorno.

Además, dar un uso explícito a la teoría de la contingencia puede llevarle a uno a explicar mediante una dicotomía simplista la gestión de las MNCD, consistente en polarizar el concepto de la gestión de las MNC convirtiéndolo en una mera oposición entre categorías de receptividad y de integración, cuando, de hecho, lo necesario es que se dé una fusión entre las dos: es decir, ver cómo se puede lograr fusionar integración y receptividad y seguir construyendo a partir de las dualidades resultantes de dicha fusión (Evans y Doz, 1989).

A pesar de las posibles críticas que puede suscitar la teoría de la contingencia por ser estática y alimentar un pensamiento dicotómico, lo cierto es que la teoría de la contingencia cumple casi todos nuestros criterios, al menos en mayor o menor grado. A pesar de que la teoría de la contingencia no engloba la indeterminación estructural (exceptuando su extensión a las organizaciones matriz, descrita por Davis y Lawrence, 1977), sí contempla la diferenciación interna y las perspectivas múltiples. También subraya la importancia de los flujos de información (ver la integración interfuncional de Lawrence y Lorsch, 1967) y la posibilidad de la existencia de nuevos vínculos emergentes en la gestión de las interdependencias frente a la suposición de la existencia de vínculos *a priori*.

Más allá de la aplicación obvia de un marco de diferenciación-integración a los problemas de gestión propios de las MNCD sobre la que hemos hablado anteriormente, el lenguaje de la teoría de la contingencia ha aportado los modelos explicativos conceptuales intermedios que nos han permitido erigir un puente que une la teoría y el enfoque fenomenológico con la gestión de las MNC. El análisis de los procesos y sistemas de gestión realizado por Lawrence y Lorsch (1967) representa una base fértil para estudiar la integración dentro de las organizaciones complejas y se puede aplicar fácilmente a las MNCD.

En suma, en oposición a las demás teorías de organización que hemos mencionado anteriormente, que eran más abstractas y que rara vez han desarrollado modelos explicativos de nivel intermedio, la teoría de la contingencia ha centrado gran parte de sus esfuerzos en el estudio de los procesos. Esto convirtió a la teoría de la contingencia en un marco relativamente estable y sencillo de aplicar para los estudiosos de las MNCD. De hecho, uno se pregunta si no habrá tenido la teoría de la contingencia una influencia excesiva en los estudios posteriores, limitando de esta manera el progreso en la investigación de las MNCD.

Relaciones de poder y adaptación organizativa

Entre los análisis realizados sobre el poder en las organizaciones, el estudio que realizan en su obra Crozier (1964) y Crozier y Friedberg (1980) se basa en un análisis profundo de las organizaciones entendidas como redes de relaciones en las que los «actores» participan en juegos «colectivos» utilizando estrategias racionales individuales de interés propio respetando unas «normas» comúnmente aceptadas que están dirigidas por los recursos y limitaciones de los propios «actores». En particular, Crozier consideró que controlar la incertidumbre que afecta el rendimiento de los otros miembros de la organización era un recurso crítico.

Por consiguiente, la red de relaciones nunca se halla o totalmente integrada o totalmente desintegrada. Las organizaciones mantienen un grado de cohesión y una consistencia manteniendo un *vis-à-vis* con su entorno a través de la regulación de su antagonismo interno (Astley y Van de Ven, 1983). El «juego» que se produce en el sistema de relaciones equilibra las tensiones entre integración y compensación. Sus normas deben ser acatadas para que pueda subsistir la asociación de mutuos beneficios, pero los «jugadores» utilizan diferentes estrategias personales en el juego dependiendo de sus propios objetivos y de los recursos que controlan.

Desde esta perspectiva, los que posibilitan la adaptación al entorno son los «jugadores» que se muestran más capaces de mediar por otros jugadores con las dependencias que tienen del entorno y que son los que se vuelven más influyentes dentro de la red de las relaciones de poder. La incertidumbre –originada por el control ejercido sobre la información–, es una dependencia clave, pero existen otras fuentes de dependencia que también son importantes; por ejemplo, la habilidad para influir en la munificencia del entorno. La inercia estructural existe, tal y como defiende la ecología de la población, pero la adaptación a los cambios del entorno podría darse a través de una evolución del juego, que reflejaría la criticalidad relativa cambiante de varias dependencias del entorno y que otorgaría más poder a aquellos jugadores que mejor supieran enfrentarse a estas dependencias. La capacidad de adaptación de la organización depende del grado de densidad de la red de relaciones. Las organizaciones extremadamente jerárquicas que funcionan con patrones astro-rayo de comunicación y dependencia, no tienen capacidad de adaptación porque los «juegos» que admiten engloban relativamente pocas estrategias que no dejan modificarse fácilmente. Las organizaciones que cuentan con una red con vínculos más diversos, especialmente vínculos laterales y diagonales en vez de vínculos verticales, tienen mayor capacidad de adaptación. La red de relaciones es capaz de reconfigurarse a sí misma a medida que las nuevas contingencias cobran importancia. Por lo tanto, podemos afirmar que un sistema de relaciones tiene mayor o menor capacidad de adaptación dependiendo de si su estructura es más o menos jerárquica (Crozier, 1964). Esta idea es coherente con otros estudios realizados anteriormente sobre la capacidad de innovación y de adaptación de las organizaciones (nos referimos al análisis comparativo de Burns y Stalkers (1961) acerca de las organizaciones «mecanicistas» y las organizaciones «orgánicas»).

Según este enfoque, el poder acude a aquellos «jugadores» que controlan los recursos independientemente de la posición jerárquica que ocupen. Por consiguiente, el modelo no plantea un sistema jerárquico u objetivos colectivos y por lo tanto, también evita las críticas suscitadas por los ecologistas de la población referentes a la elección estratégica y al entorno deliberado –modelos de adaptación de la organización. La adaptación tiene o no tiene lugar como una función de la estructura de la red de relaciones y de las limitaciones externas del entorno (y probablemente también como una función de lo rápido que cambian). Del supuesto de la existencia de la racionalidad individual no se deriva la existencia de una racionalidad organizativa. La asimetría informativa, la confusión a la hora de entender las estrategias de los otros actores y la diferenciación de los objetivos de los distintos individuos posibilitan la existencia de «conexiones sueltas también llamadas inductivas» y procesos no estructurados de toma de decisiones. Pueden emerger acciones que generen variaciones aleatorias en el sistema, que a su vez, ayudarán a éste a adaptarse. Por consiguiente, los acontecimientos pueden desenvolverse y ser incorporados a un sistema relacional que responderá a éstos (March y Olsen, 1976; Weick, 1979).

La «escuela» de la dependencia del poder aporta una teoría analítica sobre los procesos de influencia interorganizativa que es muy rica y sencilla a la vez y que trata también sobre los criterios que en este artículo consideramos relevantes para la gestión de las MNCD, si bien es cierto que la mayoría de las veces lo hace de forma implícita. Además de la cuestión sobre los criterios, los modelos de poder y dependencia atraen claramente a los estudiosos de la gestión de las MNC, quienes parten normalmente de una perspectiva fenomenológica y no de una disciplinaria, de forma que su enfoque suele ser más bien un enfoque aplicado y no un teórico.

Primero, sus supuestos acerca de los seres humanos y de la naturaleza de las organizaciones parecen más realistas que la de otros modelos, incluyendo el modelo de elección estratégica. A aquellos que están familiarizados con la vida organizativa, el supuesto de que el ser humano es intencionalmente racional y se mueve por interés propio, pero con objetivos personales diferenciados y actuando según costumbres limitadas racionalmente les parece un supuesto lo suficientemente realista como para aceptarlo. El supuesto de que una organización es una red de relaciones entre miembros de la organización, donde la información que reduce la incertidumbre se considera un recurso y una fuente de influencia, también parece útil. Particularmente, permite incorporar las teorías de procesado de información de las MNC (Egelhoff, 1988) a una teoría más amplia. El hecho de que la red de relaciones pueda extenderse y atravesar los límites de la organización hasta alcanzar a otros «jugadores» clave también parece realista[2].

Segundo, el modelo de dependencia y poder seduce a los estudiosos de la gestión de la MNC por su claro potencial de aplicación. Es tanto un modelo teórico como aplicado, es decir, puede dirigir la acción fácilmente. Analizar y comprender la red de relaciones que constituyen la organización y descubrir las estrategias que siguen los participantes de los «juegos» que se juegan entre relaciones, permite a los investigadores empezar a considerar el modo en el que pueden modificarse los intereses y las percepciones de los «jugadores» así como llevar a cabo simulaciones que expliquen cómo puede afectar a los resultados, es decir, al comportamiento general del sistema de relaciones, el hecho de cambiar las reglas del juego y de las relaciones activas de la red. Éstas son claramente unas herramientas muy poderosas a la hora de llevar a cabo acciones en las MNC desde una perspectiva aplicada.

Sin embargo, las grandes ventajas que presenta la teoría del poder y de la dependencia, como son el realismo y la capacidad de aplicación en comparación con otras líneas de la teoría de la organización que han sido aplicadas a la MNC, le hacen perder, por otra parte, en simplicidad y en capacidad teórica. Realizar un análisis detallado de las relaciones internas y una clasificación pormenorizada de los «jugadores» (que no concuerdan fácilmente con las líneas organizativas) requiere una investigación clínica que incorpora tal variedad de detalles, que son muy pocos los investigadores que se han sentido en condiciones de hacerlo. A pesar de ser argumentos menos «arraigados» que el de Crozier, existen otros modelos de relaciones de poder en y entre organizaciones que son más sencillos (Dahl, 1957; Pfeffer, 1981) y más fáciles de integrar de forma explícita en otras teorías. La obra de Pfeffer, por ejemplo, al incluir expresamente dimensiones de contingencia, se convierte en un enfoque analítico detallado que puede solucionar los «problemas» que plantea el agente.

La influencia que ha tenido la línea teórica del poder y de la dependencia de los recursos sobre los estudiosos de la gestión de las MNC es más bien obvia. Los primeros estudios sobre el dilema de la receptividad-integración de las MNC enfocaron el problema como un concepto de poder relativo (Prahalad, 1975) y consideraron que la adaptación a las contradicciones del entorno consiste en alcanzar un «poder de equilibrio» entre los ejecutivos de línea geográfica y los de producto (Doz, 1976, 1979). Los estudios acerca de las organizaciones matriz de las MNCD utilizan una serie de premisas bastante similares a las mencionadas (Davis, 1974; Davis y Lawrence, 1977). Por ello, la investigación sobre los procesos de gestión de las MNC ha buceado profundamente en la bibliografía existente sobre poder y dependencia. De forma similar, los modelos de poder y dependencia se han utilizado exhaustivamente para estudiar los problemas relativos al control estratégico de las filiales (Doz y Prahalad, 1981; Negandhi *et al.*, 1980a, b).

La investigación sobre el poder y la dependencia externas (en particular Pfeffer y Salancik, 1978), también se halla conectada a la investigación de procesos de las MNCD, aunque de forma menos explícita y también es relativamente importante a la hora de investigar los modelos de control y dependencia externa de las MNCD. Por ejemplo, Prahalad y Doz (1980) la utilizaron en su estudio acerca de los diferentes modos relacionales existentes entre la central y las filiales de las MNCD.

Aprendizaje organizativo y la MNCD

De las diferentes corrientes fundamentales de la teoría de la organización, la bibliografía sobre aprendizaje organizativo es la única que se centra principalmente en el cambio y el desarrollo. Aunque todas las corrientes tratan la adaptación entorno-organización, otras corrientes de la bibliografía suelen partir normalmente de una perspectiva estática y nunca tratan de forma empírica el aprendizaje, los procesos de cambio y de desarrollo, exceptuando a algunos teóricos institucionalistas recientes (Scott, 1987).

Esto quizás se deba en parte a que la mayoría de los estudiosos del aprendizaje organizativo piensan que el aprendizaje y el desarrollo son esencialmente individuales, a pesar de darse dentro del contexto de una organización, mientras que otros estudiosos poseen un punto de vista más centrado en la agregación e ignoran el tema en su conjunto. Obras más recientes subrayan que el aprendizaje incluye procesos de adaptación que se dan en todos los niveles de la organización (Levitt y March, 1988) y que la institucionalización del aprendizaje se da mediante rutinas organizativas donde se graban las inferencias de los éxitos y los fracasos pasados. (Nelson y Winter, 1982). Las rutinas organizativas, por tanto, conducen el comportamiento. Levitt y March (1988) explican el porqué y el cómo el concepto en sí del aprendizaje organizativo plantea tantos problemas. Aprender siguiendo una trayectoria equivocada conduce a «trampas de competencia». El aprendizaje inductivo que realizan los individuos a partir de la experiencia dista mucho de ser siempre acertado, debido en gran medida a que los vínculos reales de la causalidad pueden ser mucho más complejos e interdependientes de lo que pueden llegar a deducir los observadores y participantes de la organización. El comportamiento satisfactorio conduce a un aprendizaje supersticioso, es decir, la primera explicación plausible de un resultado satisfactorio es considerada verdadera. Es más, la valoración de los resultados como «satisfactorios» o «insatisfactorios» puede llegar a ser muy idiosincrásica y personal. Finalmente, en las organizaciones, la difusión de los resultados obtenidos del aprendizaje dista mucho de ser perfecta, por lo que los resultados del aprendizaje decaen, a no ser que sean utilizados con frecuencia. Además, el proceso de «profundización» del conocimiento que posee una organización (de la información a la comprensión) entra a menudo en conflicto con el proceso de compartir dicho conocimiento dentro de la organización (Chakravarthy y Kwun, 1989).

Aunque frente al aprendizaje individual, la literatura existente sobre aprendizaje organizativo esté dando sus primeros pasos, alimenta tentadoramente las esperanzas de los estudiosos de la gestión de las MNC. En términos generales se ha argumentado (Ghoshal, 1987) que uno de los puntos fuertes de la MNC es la posibilidad que tiene de aprender acerca de múltiples mercados y múltiples entornos, en particular, a medida que van construyendo redes diferenciadas para poder aprender acerca de ello (Ghoshal y Nohria, 1989). El límite que encontramos a la aplicabilidad de la literatura sobre aprendizaje organizativo es su naturaleza libre de contenido, es decir, el objeto del aprendizaje no está definido. En el contexto de la MNC, el alcance y el proceso del aprendizaje puede variar relativamente de acuerdo con su contenido. Para un marketing de éxito será vital contar con numerosos aprendizajes autónomos locales, mientras que la experimentación local y el aprendizaje sobre la seguridad en las operaciones serían letales para las operaciones técnicas que no variasen de país a país. La mezcla de receptividad e integración en varias tareas origina la necesidad de un aprendizaje localizado autónomo y de compartir dicho aprendizaje entre esas tareas. Los procesos para aprender serán diferentes si se trata de un aprendizaje basado en la geografía, o para aprender sobre sistemas de gestión y procesos, que necesitan reflejar tanto las necesidades de integración como de receptividad, o de disciplinas más bien invariables como son los procedimientos de seguridad. Se necesita investigar más a fondo tanto los procesos de aprendizaje organizativo como su aplicación a las MNC.

Perspectiva general

En el primer apartado de este artículo hemos descrito los problemas específicos de las MNC que la teoría de la organización debe contemplar para que pueda ser de interés para la gestión estratégica de las MNCD. Después, hemos expuesto brevemente lo que consideramos son las líneas principales de investigación de la teoría organizativa desde el punto de la gestión estratégica de las MNCD. En la tabla 1 realizamos un resumen de este planteamiento utilizando las 7 categorías que establecimos al principio de este artículo.

La mayoría de las corrientes de investigación no contradicen los criterios, exceptuando la ecología de la población, donde el nivel de análisis hace que nuestros 7 criterios sean menos aplicables, a no ser que apliquemos la teoría a las subunidades de la MNCD (algo que hemos asumido al reflejar la ecología de la población en la tabla 1).

Sin embargo, la utilidad de la aplicación de estas teorías a la gestión varía significativamente.[3]

A pesar de que las premisas de la mayoría de las corrientes de la teoría de la organización difieren enormemente entre ellas, así los niveles de análisis que cubren cada una de ellas (figura 1, en el eje vertical), éstas tienen en común unas pocas características clave que dificultan algo su aplicación al estudio de la gestión de las MNC.

Primero, estas teorías fracasan al ser implantadas en un marco o modelo que no sea estadístico, exceptuando la teoría de la contingencia y algunos estudios recientes sobre la teoría institucional. Como resultado de ello, estas teorías se muestran relativamente endebles en el nivel del modelo explicativo operacional, es decir, el vínculo entre el análisis teórico y el empírico es relativamente débil, tal y como mostramos en el eje horizontal de la figura 1. Cuando el objeto del estudio son grupos homogéneos relativamente similares

Tabla 1 **La relevancia de las teorías de la organización en la investigación de la gestión de las MNCD**

Criterios de relevancia para la gestión de la MNCD	**Corrientes principales de la teoría de la organización**						
	Coste de transacción	Agente	Ecología de la población	Teoría institucional	Teoría de la contingencia	Relaciones de poder y adaptación	Aprendizaje organizativo
1. Indeterminación estructural	Sí	Jerárquico implícitamente	No	Sí	No, la estructura «encaja» el entorno, con excepción de la gestión de la matriz	Sí, red de relaciones de poder autorregulable	Sí
2. Diferenciación interna	Sí	Simplista: resultado frente a control del comportamiento	No	Sí, dependiendo de las influencias	Sí	Sí, dependiendo de las incertidumbres externas	Sí
3. Equilibrios de decisión entre múltiples prioridades	Escasamente definido, el «interés propio» no es compatible, necesita ser extendida para incluir la contratación relacional	No, principalmente relaciones diádicas director-agente	No	No explícitamente, pero sí englobados en múltiples «campos»	Sí, al menos parte de algunos investigadores (Lawrence y Lorsch, 1967)	Sí, los juegos de «poder» engloban múltiples prioridades	Sí, parte del proceso de aprendizaje
4. Importancia de los flujos de información	Sí, pero limitada a la incertidumbre y a problemas isométricos	Sí, pero centrada principalmente en la observación del comportamiento y la medición de los resultados	No	Sí	Sí	Sí, la información es un determinante clave de la influencia	Sí
5. Vínculos emergentes más que vínculos prescritos	Los patrones de transacción no se especifican a priori. Las jerarquías, sin embrago, son útiles para el análisis interorganizativo	Sí, series de contratos, pero no abarca la multiplicidad de vínculos	No	Sí	Posibles, pero no claramente especificados, aunque es coherente con la teoría	Sí	Sí, resultado del proceso de aprendizaje
6. Limites enmarañados	Sí, conviene al análisis de los limites, pero debe complementarse para incorporar la contratación relacional	Sí	No	Sí, se debe cumplir con las presiones «isomórficas»	No explícitamente	Sí, red de relaciones dentro y fuera de la organización	No explícitamente, pero no excluido
7. Repetitividad frente al cambio			Capacidades de cambio muy limitadas	Sí	No	Sí, depende de la estructura de la red	Sí, fundamental para la teoría

Figura 1 **Niveles de agregación y de desarrollo teórico**

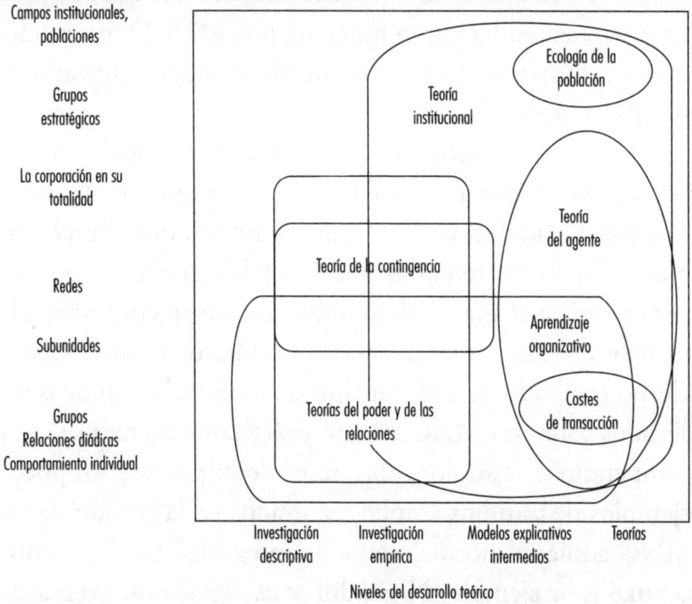

y no excesivamente complejos de una organización (por ejemplo, unidades de administración local y oficinas de administración pública), resulta relativamente factible moverse directamente entre la teoría y la especificación y medición variables, utilizando tests estadísticos sencillos. Pero al manejar grupos heterogéneos de organizaciones más complejas o centrarse en su gestión, todo esto se vuelve mucho menos factible. Para poder conceptuar y modelar el comportamiento (tanto estratégico como de gestión) de las organizaciones más complejas, y para que éste sea relevante para la gestión de las mismas se necesitan modelos explicativos intermedios (Bourgeois, 1979). En resumen, estudiar un gran número de organizaciones relativamente sencillas y similares conduce a teorías que se pueden generalizar, pero que conciben la organización como una «caja negra» y tampoco desarrollan conocimiento detallado acerca de cómo funcionan estas organizaciones. Desde el punto de vista del estudio de la gestión lo que se necesita es un «modelo» conceptual robusto que sirva para entender cómo funciona una MNCD, un modelo que los investigadores y los directivos puedan utilizar para simular la realidad.

Aunque no lo hemos comentado en este artículo, la mayoría de la bibliografía existente sobre la gestión de las multinacionales adolece del problema contrario, que es prácticamente simétrico: mientras que ésta bibliografía se basa casi por entero en el análisis descriptivo, carece prácticamente de teoría y aún carece más de modelos explicativos intermedios. Como resultado de ello, muchos de los estudios clínicos realizados sobre las MNC no son prácticamente más que un compendio de estudios sobre casos descriptivos y los pocos ejemplos de estudios amplios centrados en la gestión de las MNC adolecen normalmente de integridad teórica y conceptual (por ejemplo, Negandhi *et al.,* 1980a,b). Lo que se necesita es una teoría intermedia que establezca un puente que una el análisis descriptivo y las teorías, así como las lagunas existentes entre los diferentes niveles de agregación, que van desde los individuos y los pequeños grupos existentes en las MNC, a grupos formados por MNC que sigan estrategias conceptualmente similares.

Segundo, las corrientes de la teoría de la organización, siendo todas conceptualmente relevantes, necesitan detallar aún más la manera de manejar las variables y los asuntos relativos al proceso. Es necesario que la teoría consiga atrapar los procesos claves de gestión tales como son la distribución de recursos (tanto financieros como humanos) o los procesos de resolución de problemas dentro de la organización. El problema es que, exceptuando los modelos basados en el análisis de las relaciones de poder, las teorías de la organización trabajan normalmente a un nivel de abstracción tan elevado que no les permite atrapar dichos procesos. Es más, estas teorías ni siquiera suelen centrarse en los procesos, exceptuando eso si, las teorías institucionales, las del poder y las del aprendizaje.

Tercero, los procesos de cambio y de adaptación necesitan más atención expresa. Las teorías de la organización son, en su mayoría, estáticas y se hallan orientadas más bien hacia el análisis transversal, que hacia los procesos longitudinales de cambio. A pesar de que estas teorías pueden utilizarse para analizar y conceptuar los procesos de cambio, dicho uso requiere muchos pasos intermedios de conceptualización, exceptuando las corrientes del aprendizaje organizativo y las del poder y las relaciones.

Cuarto, la mayoría de las teorías no incluyen variables sustanciales, es decir, no son capaces de superar la dicotomía entre contexto y proceso que bien observó la bibliografía sobre estrategia. En caso de poder ser atrapadas, las variables se capturan mediante poderes abstractos de representación.

Y último, aunque las comprobaciones rara vez se han realizado de forma sistemática, algunos aspectos de la teoría de la organización bien podrían estar determinados por la cultura. Por ejemplo, el supuesto del interés propio y del oportunismo, que es clave para la teoría de los costes de transacción, podría estar profundamente enraizado en una larga tradición legal y económica que es propia de muchas profesiones en Estados Unidos.

En resumen, la revisión de las principales corrientes de la teoría de la organización sugiere que es necesaria una teoría intermedia del funcionamiento de la MNCD, que subraye la importancia de los modelos explicativos y los marcos y que vincule una serie de teorías, potencialmente muy útiles, con los análisis descriptivos teóricos y conceptuales –a menudo insuficientes– realizados por los analistas y estudiosos de las MNCD. En el siguiente apartado describimos de forma resumida el intento de desarrollar una teoría intermedia de este tipo.

La búsqueda de un nuevo paradigma

El desarrollo de la investigación sobre la gestión de las MNC: Hacia un nuevo paradigma

Mientras que los primeros estudiosos del fenómeno de la MNC (es decir, Fayerweather, 1960, Perlmutter, 1969; Wilkins, 1970) establecieron categorías organizativas de proceso e identificaron la tensión fundamental existente entre fragmentación y unidad a la hora de gestionar las MNC, la mayor parte de los investigadores posteriores centraron su atención en los modelos competitivos y económicos de la MNC, a partir de las obras de Hymer (1960) y Vernon (1966). Únicamente Stopford y Wells (1972) y Franko (1976), partiendo de la obra de Vernon, dedicaron principalmente su interés a los problemas estructurales y de gestión. Sólo fue más tarde, como consecuencia del desarrollo de la teoría de la contingencia y de la aparición de una nueva escuela de procesos centrada en la investigación de las políticas (es decir, Bower, 1970), cuando la investigación empírica sobre la organización y los problemas de gestión de la MNC sufrió una renovación.

La línea de investigación que abrió Prahalad (1975) es coherente con el tema general de los procesos organizativos y las capacidades organizativas de la MNCD, pero se centra en varios aspectos de la labor que realiza la gestión general en las MNCD (Bartlett y Ghoshal, 1989; Doz y Prahalad, 1988; Prahalad y Doz, 1987). Aunque este artículo no pretende exponer un listado completo de los descubrimientos de dicha investigación, creemos que mencionar brevemente las diversas contribuciones que se han hecho a esta línea de investigación puede ser útil para no perder la perspectiva. Particularmente, resulta complicado entender la corriente de investigación sobre la gestión de las MNCD, debido a la falta de disciplina de los investigadores a la hora de elegir las etiquetas para describir los conceptos y los lenguajes de los sistemas. Además, los lenguajes de los sistemas utilizados por cada investigador han ido evolucionando individualmente a medida que progresaban. Todo esto podría llevar a pensar a un lector ocasional que la línea de investigación adolece de unidad conceptual.

La investigación de Prahalad (1975) se centró en los procesos mediante los cuales una empresa única, que no se halla sujeta a limitaciones estrictas impuestas por el gobierno de acogida, percibe las necesidades cambiantes del entorno y responde a ellas redirigiendo la atención de sus gestores, reenfocando la dirección estratégica y realineando los procesos de poder e influencia para que sean coherentes con las nuevas condiciones del entorno. La obra de Doz (1976, 1979) analizó sobre una base comparativa los procesos de gestión utilizados en varias empresas, y en varias actividades comerciales de cada empresa, para gestionar la tensión existente entre la presión económica y tecnológica originada por la globalización y la integración, así como las necesidades de receptividad a las políticas industriales nacionales de los gobiernos de acogida. Luego, Doz (1979, 1980) analizó cómo afectaban las diferencias competitivas de las diferentes empresas integradas en un mismo sector a las respuestas que éstas daban a las tensiones descritas anteriormente. Posteriormente, Bartlett (1979) comparó los sistemas de gestión y los procesos que utilizaba una muestra de empresas perteneciente a sectores a los que la globalización y las necesidades nacionales de receptividad les afectaban de forma irregular y también analizó cómo diferentes funciones afectaban a dichas presiones, ampliando, de este modo, el concepto de redirección de procesos creado por Prahalad (1975) y Doz (1978).

Mathias (1978) comparó la redirección de los procesos iniciados por los altos directivos con los procesos que emergían de las tensiones que se creaban entre los gestores intermedios de la organización sin que la alta dirección tuviera un papel activo en la iniciación de los procesos de cambio. Posteriormente, Bartlett estudió cómo lo que él denominó la «herencia institucional» de la empresa limita el desarrollo de nuevas habilidades constituyendo un tipo de «inercia organizativa» que la alta directiva debe tener en consideración (Bartlett, 1981).

Ghoshal (1986) añadió un análisis detallado de los procesos de innovación, subrayando la existencia de diferentes patrones de interacciones entre central y filiales y entre filial y filial dentro de los procesos de innovación. Esto condujo a un análisis más general de las MNCD como redes diferenciadas (Ghoshal y Nohria, 1989) y a la aplicación de la teoría de redes a las MNCD (Ghoshal y Bartlett, 1990).

Finalmente, la investigación de Prahalad y Hamel (1990) condujo a una nueva conceptualización de la base de la capacidad competitiva global, que se alejaba de la utilización de recursos para hacer hincapié en el desarrollo y en la influencia de las habilidades. La obra de Doz y Prahalad (1988) subraya la importancia que tienen las capacidades de organización dentro del proceso.

Simultáneamente, pero casi de forma totalmente independiente, se desarrolló en Suecia una línea de investigación similar basada en el análisis clínico de la internacionalización de las principales empresas suecas. Originariamente, gran parte del estudio se basó en la realización de varios tests empíricos acerca de la validez de varias proposiciones emanadas de investigaciones previas (por ejemplo, que la autonomía de gestión de una empresa guardaba una correlación inversa con los envíos cruzados de mercancías entre dicha filial y otras partes de la organización) o de proposiciones razonadas emanadas del estudio detallado de casos de MNC suecas (es decir, Hedlund, 1981). Sin embargo, existen interesantes desarrollos teóricos derivados de la investigación empírica, en particular el concepto de MNCD «heterárquica» (Hedlund, 1986; Hedlund y Rolander, 1990), que recalca la difusión geográfica de las funciones corporativas, un amplio espectro de los modos de gobierno existentes «entre mercado y jerarquía» y también subraya el aprendizaje de la acción y la variación de los procesos de selección y retención en la adaptación organizativa.

Aunque esta enumeración de aspectos, autores y trabajos de investigación pueda parecer un tanto inconexa, es importante entender su naturaleza acumulativa y su lógica subyacente. El proceso de investigación deberá iniciarse al principio con unos «bloques constructivos» relativamente discretos e investigables, que delimiten tanto el territorio investigado como la complejidad de los conceptos y modelos explicativos desarrollados.

Cada nuevo paso, entonces, constituye un intento de ampliar, enriquecer y desafiar los pasos precedentes trasladando los descubrimientos existentes a otra serie de áreas mucho más complejas y que van añadiéndose a los conceptos existentes en base a un mayor entendimiento de su aplicabilidad.

Mientras que tomando por separado cada parte de la investigación sólo logramos iluminar un aspecto de la tarea de gestión de la MNCD, utilizando de manera conjunta las obras de Prahalad, Doz, Bartlett, Ghoshal, Hedlund, Hamel y de otros que siguieron un enfoque similar, disponemos de una rica teoría organizativa de las MNCD, que nos permite comprender las tareas de gestión de la MNCD al detalle.

Las características fundamentales del paradigma que emerge del resultado obtenido de este trabajo acumulativo son las siguientes:

1. *La sustancia y el proceso propios de la MNCD se capturan mediante el mismo marco subyacente.* Las características

subyacentes de la empresa pueden ser trazadas mediante el *marco (I-R) integración global-receptividad local* (para ver un resumen, ver Prahalad y Doz, 1987). Todos los elementos que contribuyen a las presiones de las necesidades de la integración global (I) tales como son las economías de escala, los productos universales, el acceso privilegiado a las materias primas, los clientes globales, la intensidad de la tecnología y la presencia de competidores globales se hallan directamente respaldados por la bibliografía existente sobre dinámica y estrategia. *El marco tiene en consideración todos los factores que contribuyen a conformar la presión de la integración global, y lo hace de forma simultánea, en contraposición a la mayoría de la bibliografía existente que considera cada elemento de uno en uno.* De forma similar, las presiones de las necesidades de la receptividad local tales como son las diferencias en la distribución, las costumbres locales, las diferencias en las necesidades del consumidor, la estructura del mercado, y las necesidades del gobierno de acogida también están respaldadas por la bibliografía y están *consideradas simultáneamente*. Además, la importancia relativa de las presiones de integración y receptividad puede utilizarse para *trazar las características de la industria*. La diferencia crítica entre este enfoque y los enfoques de investigación más tradicionales radica en que reconoce expresamente la necesidad de una optimización integradora de las múltiples presiones que se dan en una empresa y que a menudo suelen ser conflictivas. *Parece más importante estudiar el proceso de equilibrio entre las demandas que aparentemente están en conflicto, que estudiar las demandas de gestión que origina en un momento dado un elemento de la empresa (por ejemplo, la intensidad de la tecnología)*.

2. El mismo marco puede utilizarse para representar gráficamente la naturaleza cambiante de la empresa –evaluando los cambios que se dan en el equilibrio relativo entre las fuerzas que contribuyen a la integración y las necesidades de re-

ceptividad y su impacto en varias funciones clave dentro de la empresa–, como I+D, fabricación o marketing.

Además, uno puede analizar los sistemas de gestión de la MNCD, así como los diferentes países donde opera, sus funciones y actividades comerciales y valorar si estos sistemas de gestión conforman un contexto consistente con las demandas externas, dadas las condiciones de la actividad comercial y las posiciones en términos de competencia.

Las causas de la desigualdad permanente entre las demandas externas, las elecciones estratégicas y los sistemas de gestión y los procesos de redirección y realineación que se utilizan para adaptarse o anticiparse a las nuevas necesidades del entorno han formado parte del paradigma emergente desde el principio (Doz, 1978; Doz y Prahalad, 1981; Doz, Bartlett y Prahalad, 1981; Prahalad, 1976; etc.) En este sentido, *el paradigma emergente puede utilizarse tanto transversalmente para comparar sectores, estrategias empresariales y sistemas y procesos de gestión en un momento dado, como longitudinalmente para trazar, analizar y comprender los procesos de cambio y de adaptación.*

3. *La unidad básica del análisis del paradigma es el gestor individual, más que una abstracción situada a un nivel más alto de agregación.*

Por consiguiente, el propósito primordial de los procesos de organización –estructura formal, herramientas administrativas, cultura de la toma de decisiones– es (i) influir en los «conjuntos mentales» o *orientaciones cognitivas de los gestores,* (ii) legitimar la existencia actual de una *coalición* dominante de gestores que representa una estrategia determinada que se persigue, y (iii) representar la estructura de autoridad y el *poder* para distribuir recursos. La organización puede entenderse entonces como un concepto que aúna estos tres subprocesos. Podemos hacer las siguientes generalizaciones:

a) La estructura formal de una organización (es decir, la estructura organizativa) no es mas que un atajo para atrapar los subprocesos subyacentes –conjuntos mentales de los gestores (y la correspondiente infraestructura de la información que existe en la empresa), un consenso acerca de la estrategia, y el poder para distribuir los recursos de acuerdo con la estrategia. Como resultado de ello, los gestores desean firmemente contar con «organizaciones puras» –independientemente de si hablamos de empresas a nivel mundial u organizaciones de zona–, porque éstas describen las tres orientaciones de los gestores de forma inequívoca (Prahalad y Doz, 1987).
b) Los gestores piensan que una organización matriz es compleja, porque en una matriz, estos tres subprocesos, –orientación cognitiva, consenso estratégico y poder– no se alinean con las líneas de la tabla organizativa. Los gestores deben entender los subprocesos de la matriz, independientemente de la estructura formal. Estos tres subprocesos existen independientemente de la estructura formal y deben gestionarse explícitamente. La alta gestión deberá tratar con dichos subprocesos y con los gestores individuales. Esta necesidad de trabajar al nivel de los subprocesos va a «complicar» la matriz para aquellos gestores que no posean la habilidad de trabajar a niveles sutiles y minuciosos.
c) El cambio estratégico requiere que los gestores modifiquen las orientaciones cognitivas de una constelación de gestores, consigan un nuevo consenso sobre estrategia y realineen el equilibrio de poder relativo entre los diferentes grupos que actúan en el negocio.
d) La gestión de los subprocesos de la organización puede realizarse utilizando herramientas administrativas tales como son la planificación, presupuestos, MIS,

recompensas y castigos, formación, gestión de carreras profesionales y socialización (Doz y Prahalad, 1984). Lo que implica que las estrategias principales se pueden redireccionar sin tener que modificar la estructura formal.

e) La naturaleza de la interacción y de la intensidad de los flujos de información entre filial y central y entre filiales es un reflejo de las misiones estratégicas asignadas a diversas unidades (Ghoshal y Nohria, 1989). Incluso si hablamos de una única actividad comercial o negocio, las organizaciones de cada país no tienen por qué tener la misma misión estratégica, y esas diferencias se manifestarán en el patrón y en la intensidad del flujo de información. Los patrones de flujo de la información son un instrumento de predicción de la orientación cognitiva de los gestores (que dependen a su vez de la infraestructura de información a la que tienen acceso), del proceso de consenso estratégico (dónde están las fuentes de tensión y quién está implicado en la resolución de dichas tensiones), y del equilibrio de poder relativo de la distribución de recursos.

4. *El paradigma al completo está basado en modelos explicativos intermedios.* El paradigma no debe ser entendido como una teoría absolutamente integral que pueda aplicarse universalmente, su objetivo es más modesto y consiste en aportar una serie de modelos explicativos integradores que permitan la observación, el análisis, la comprensión y la valoración normativa de los procesos interactivos que tienen lugar entre los gestores. Como tal, es un punto de partida para desarrollar una teoría intermedia, que puede utilizarse para vincular los aspectos estratégicos con las bases teóricas (Bourgeois, 1979).

5. No es posible asegurar que la teoría no vaya a estar delimitada culturalmente. Probablemente, sus observacio-

nes o sus observadores se verán delimitados culturalmente. *Los estudiosos de la gestión de las MNCD tienen nacionalidades y culturas muy distintas y las MNC que han investigado pertenecen una gran variedad de países distintos.* Algunas de las contribuciones que se han realizado a la investigación (Bartlett y Ghoshal, 1989) han logrado incorporar la variedad cultural en el diseño de su estudio al haber comparado de forma sistemática MNC norteamericanas, europeas y japonesas. A pesar de que esta manera de proceder no garantiza totalmente la desaparición del enfoque cultural, al menos si disminuye la aleatoriedad de las delimitaciones culturales.

Finalmente, esta línea de investigación considera, de forma acumulativa, las siete demandas específicas propias de la MNCD que hemos descrito en este artículo. Por ejemplo, la obra temprana de Prahalad y Doz se centra claramente en la indeterminación estructural, en la necesidad de diferenciación interna y en los mecanismos y requisitos previos necesarios para la optimización integradora. La mayoría de los investigadores ha reconocido claramente el alto grado de intensidad de información que requiere la red de la MNCD y han estudiado la manera en la que esto se puede asegurar, mientras que Egelhoff (1982, 1988) adopta expresamente un punto de vista centrado en el procesamiento de la información. El núcleo de la investigación llevada a cabo por Bartlett y Ghoshal para estudiar las relaciones que tienen lugar dentro de la MNCD, tal y como exponen en su libro de 1989, se centra claramente en los vínculos latentes, mientras que en su obra más reciente abogan expresamente por la utilización de modelos interinstitucionales para este fin. Finalmente, mientras que muchos autores se limitan a identificar el equilibrio entre aprendizaje y continuidad, el análisis de Hedlund, al considerar la MNCD como una «heterarquía», representa un claro intento de identificar cómo podemos gestionar este equilibrio en la práctica.

Conclusión: investigación sobre gestión y teoría de la organización en la MNC: ¿una oportunidad perdida de fertilización cruzada?

Anteriormente, hemos subrayado que la mayoría de las teorías de la organización son compatibles con las características que diferencian a la MNCD de otras formas de organización más simples, tal y como las hemos descrito en este artículo. También hemos subrayado que ha sido más bien el enfoque, y no tanto las características de esas teorías, el que dificulta la aplicación de las mismas a las MNC. También hemos señalado que los investigadores de los procesos de gestión de las MNC han tomado prestados muchos más aspectos de las teorías de la organización de los que tanto ellos como los teóricos de la organización están dispuestos a reconocer.

¿Cuál es la razón de que esta convergencia sea tan subrepticia y tan poco explícita?

Dogma teórico frente a fenomenología ateórica

Creemos que los teóricos de la organización han estado demasiado inmersos en el desarrollo de sus propias teorías y que a su vez muchos de los estudiosos de la gestión de las MNC, aunque no todos, no han explotado del todo las posibilidades que les ofrecían las teorías de la organización. Los primeros se han dedicado normalmente a estudiar organizaciones mucho más sencillas que las MNCD, mientras que los segundos se han visto tan absorbidos por la complejidad del objeto que estudiaban que no han podido desarrollar o tomar prestado un marco conceptual lo suficientemente potente como para poder arrojar luz sobre el fenómeno observado. Como resultado de ello, no se ha podido construir un puente que una el fenómeno de la MNC con la teoría de la organización.

Dilemas de gestión frente a dilemas institucionales

La diferencia de perspectivas adoptadas por los teóricos de la organización y los estudiosos de las MNC también ha afectado al propósito de sus teorías: normalmente, los estudiosos de la MNC han pretendido «educar» la práctica, es decir, han antepuesto la gestión frente a la elegancia teórica. Y lo opuesto se puede decir de la mayoría de los teóricos de la organización. Esto complicó el diálogo mucho más.

Elaboración de las teorías frente a comprobación de las teorías

Siempre, los estudiosos de la gestión de las MNC han utilizado datos para poder comprender mejor el fenómeno que estudiaban y para poder explicar los conceptos cuando los presentaban. En esencia, no pretendían comprobar ni las proposiciones ni las hipótesis. El desarrollo de la teoría progresó gracias a los intentos de refutación y a los intentos de ampliarla. Algunos investigadores no se preocuparon de comprobar sus hipótesis (su prioridad era la de ofrecer una visión del interior del fenómeno de las MNC que fuera útil, más que delimitar los contornos exteriores y especificar todas las características de las mismas). La mayoría de ellos consideraron que era demasiado pronto para comprobar las hipótesis o que realizarlo era demasiado complicado, dada la complejidad de las MNC y el gran número de variables de control implicadas. De ello se deriva la falta de rigor de las técnicas de medición. La obra de Ghoshal (1987) supuso un cambio de rumbo muy útil ya que enfatizó la necesidad de la existencia de métodos de medición y de comprobación. En general, podemos decir que sólo recientemente los investigadores han decidido comprobar de forma sistemática algunas de las proposiciones fundamentales del proceso de investigación de las MNCD (Kim y Mauborgne, 1991). Ahora es cuando se va a poder ahondar más en este aspecto ya que existe la estructura conceptual necesaria para entender los procesos de gestión de las MNCD.

Complejidad frente a simplicidad en la investigación

La investigación de los procesos de la MNCD es compleja y costosa y no siempre se adecua a los recursos y a las dotaciones económicas de las que disponen las instituciones académicas. Además, una investigación de este tipo que sea eficaz, requiere que el investigador realice numerosas entrevistas y observe numerosos procesos que tienen lugar en muchas partes del mundo, algo que requiere que el investigador a cargo del estudio sea un especialista en trabajo de campo. Así, sólo ha sido un número relativamente escaso de instituciones académicas, las que se han podido permitir realizar investigaciones acerca de los procesos de gestión de las MNC. Estas instituciones académicas cuentan con una larga tradición en investigación de campo, cuentan con fondos abundantes y tienen un interés institucional especial por las MNC. La escasez de investigadores también ha frenado el progreso de las investigaciones.

¿Un fenómeno sólido o esquivo?

Los observadores se han dado cuenta que tanto los mapas cognitivos de gestión y las herramientas de gestión como el foco de atención de los estudiosos de las MNC han variado a lo largo del tiempo, sin que esté claro qué ha influido en qué para que se diera ese cambio (o quizás se han estado influyendo unos a otros a lo largo del tiempo). La dificultad subyacente es la naturaleza evolutiva del fenómeno de la MNC en sí. Por ejemplo, el cambio sufrido por las MNC desde posturas a plazo relativamente largo ancladas en aspectos como el acceso a los recursos y las economías de escala a posturas de más corto plazo basadas en el activo intangible, hizo que los requisitos de la gestión difirieran mucho entre sí. Por ello, todavía no queda claro del todo si se podrá garantizar la búsqueda de una teoría estable de organización de MNC. ¿Deberían quizás darse los investigadores por satisfechos si logran contar con una agenda evolutiva que trate los asuntos de gestión que originan los cambios en las condiciones que afectan al éxito de las MND y si consiguen desarrollar tecnologías que permitan su gestión?

Agradecimientos

Damos las gracias a los comentarios y sugerencias realizados por Sumantra Ghoshal, Mitchell Koza, Karl Weick, Harry Korine y por dos críticos anónimos del *Strategic Management Journal.*

Notas

1. Nuestra intención aquí no reside en explicar el porqué de la existencia de la MNCD como forma organizativa. Varios investigadores, comenzando por Hymer (1960) y finalizando con la «teoría ecléctica» de Dunning han explicado la lógica de la «internalización» de las transacciones y del activo específico de la empresa de las MNCD. La intención de nuestro artículo es analizar los procesos de gestión de las MNCD, no delimitar la forma que tienen las MNCD frente a otro tipo de organización que también se dedican a la inversión y el comercio internacionales.

2. Por ejemplo, los investigadores de la gestión de MNC han observado que para entender las relaciones entre central y filiales dentro de la MNC quizás haya que realizar también un análisis explícito de la relación que la MNC mantiene con sus clientes principales y los gobiernos de los países donde actúan las filiales. Los directores de los países podrían hacer uso de las relaciones privilegiadas del entorno local de la filial para limitar el poder que la central u otras filiales pudieran ejercer sobre sus operaciones. Al no ser la relación transparente, este tipo de oportunidades de influir en las relaciones externas han conducido a los directivos a explorar sus entornos de forma que se vea aumentada la influencia que tienen dentro de la organización. Al actuar de este modo, contribuyen a aumentar la capacidad de respuesta de la organización frente a las oportunidades y limitaciones que presenta el entorno. La elección estratégica no es central, resulta a partir de las elecciones estratégicas individuales que hace cada «jugador» individual a la hora de seleccionar y adaptar el entorno que es relevante para él.

3. Obviamente, la mayoría de los teóricos de la organización no considerarían relevante la capacidad de aplicación de su teoría a la gestión, ya que no se han dedicado a anali-

zar, explorar o mejorar el comportamiento de la gestión, sino que se han dedicado más bien a analizar el comportamiento de la organización.

Referencias

Aldrich, H.E. *Organizations and Environments,* Prentice Hall, Englewood Cliffs, NJ, 1979.

Arrow, K.J. «The economics of agency». En la edición de J. W. Pratt y R. J. Zeckhauser, *Principals and Agents: The Structure of Business,* HBS Press, Boston, MA, 1985, págs. 37-51.

Astley, W. G. y A. H. Van den Ven. «Central perspectives and debates in organization theory» *Administrative Science Quarterly,* 28, 1983, págs. 267-73.

Bartlett, C. A. «Multinational structural evolution: The changing decision environment in international divisions». Tesis doctoral no publicada, Harvard Business School, 1979.

Bartlett, C. A. «Multinational structural change: Evolution versus reorganization» En la edición de L. Otterbeck, *The Management of Headquarters-Subsidiary Relationships in multinational Corporations,* Gower, Aldershot, Inglaterra, 1981, págs. 121-145.

Bartlett, C. A. y S. Ghoshal. «Tap your subsidiaries for global research», *Harvard Business Review,* noviembre-diciembre 1986, págs. 87-94.

Bartlett, C. A. y S. Ghoshal. *Managing Across Borders,* HBS Press, Cambridge, MA, 1989.

Beer, M. y S. M. Davis. «Creating a global organization, failures along the way», *Columbia Journal of World Business,* verano 1976, págs. 72-84.

Bourgeois, J. «Toward a method of middle-range theorizing», *Academy of Management Review,* 4(3), 1979, págs. 443-447.

Bower, J. L. *Managing the Resource Allocation Process,* HBS Division of Research, Boston, MA, 1970.

Buckley, P. J. y M. C. Casson. *The Economic Theory of the Multinational Enterprise,* Mcmillan Press, Londres, 1986.

Burns, T y E. Stalker. *The Management of Innovation*, Tavistock, Londres, 1961.

Chakravarthy, B. S. y S. Kwun. «The strategy-making process: An organizational learning perspective», documento de trabajo, Strategic Management Research Center, Universidad de Minesota, 1989.

Crozier, M. *The Bureaucratic Phenomenon*, Universidad de Chicago Press, Chicago, IL, 1964.

Crozier, M y E. Friedberg. *Actors and Systems: The Politics of Collective Action*, Universidad de Chicago Press, Chicago IL, 1980.

Dahl, R. «The concept of power», *Behavioral Science,* 2, 1957, págs. 201-215.

Davis, S. «Two models of organization: Unity of command vs. balance of power», *Sloan Management Review*, otoño 1984, págs. 29-40.

Davis, S. y P. R. Lawrence. *Matrix*, Addison Wesley, Reading, MA, 1977.

Delacroix, J. y J. Freeman. «The organizational ecology of European subsidiaries of American multinational companies: An empirical exploration». En la edición de S. Ghoshal y E. Westney, *Organization Theory and the Multinational Corporation* (de pronta aparición), Macmillan Press, Londres.

Di Maggio, J. y W. Powell. «The iron cage revisited: Institutional isomorphism and collective rationality in organizational fields», *American Sociological Review,* 48, 1983, págs. 147-160.

Dore, R. P. «Goodwill and the spirit of market capitalism», *British Journal of Sociology,* 34(4), diciembre 1983, págs. 459-482.

Doz. Y. «National policies and multinational management», tesis doctoral no publicada, Harvard Business School, 1976.

Doz, Y. «Managing manufacturing rationalization within multinational companies», *Columbia Journal of World Business,* 13(3), otoño 1978, págs. 82- 94.

Doz, Y. *Government Control and Multinational Strategic Management*, Praeger, Nueva York, 1979.

Doz, Y. «Strategic Management in Multinational Companies», *Sloan Management Review,* 21(2), invierno 1980, págs. 27-46.

Doz, Y. *Strategic Management in Multinational Companies*, Pergamon Press, Oxford, 1986.

Doz, Y. y C. K. Prahalad. «Headquarters influence and strategic control in MNCs», *Sloan Management Review,* 23(1), otoño 1981, págs. 15-29.

Doz, Y. y C. K. Prahalad. «Patterns of strategic control in multinational corporations», *Journal of International Business Studies*, otoño 1984, págs. 55- 72.

Doz, Y. y C. K. Prahalad. «A process model in strategic redirection in large complex firms: the case of multinational corporations». En la edición de A. Pettigrew, *The Management of Strategic Change*, Basil Blackwell, Oxford, 1987, págs. 63-83.

Doz, Y. y C. K. Prahalad. «Quality of Management: An emerging source of global competitive advantage?» En la edición de N. Hood y J. E. Vahlne, *Strategies in Global Competition*, Croom-Helm, Londres, 1988, págs. 345-369.

Doz, Y., C. A. Bartlett y C. K. Prahalad. «Global competitive pressures vs. Host country demands: Managing tensions in multinational corporations», *California Management Review,* 23(3), primavera 1981, págs, 289-336.

Dunning, J. H. «The determinants of international production», *Oxford Economic Paper*, noviembre 1973, págs. 289-336.

Dunning, J. H. «Toward an eclectic theory of international production: Some empirical tests», *Journal of International Business Studies,* primavera/verano 1980, págs. 9-30.

Dunning, J. H. *The Eclectic Theory of the MNC,* Allen & Unwin, Londres, 1981, cap. 4.

Dunning, J. H. y R. A. Pearce. *Profitability and Performance of the World's Largest Industrial Companies*, The Financial Times, Londres, 1985.

Egelhoff, W.G. «Strategy and structure in multinational corporations: An information processing approach». *Administrative Science Quarterly,* 27, 1982, págs. 435-458.

Egelhoff, W.G. «Strategy and structure in multinational corporations: A revision of the Stopford and Wells model», *Strategic Management Journal,* 9(1), 1988, págs. 1-14.

Eisenhardt, K. «Agency theory: An assessment and review», *Academy of Management Review*, 14 (1), 1989, págs. 57-74.

Evans, P.E y Y. Doz. «The dualistic organisation». En la edición de P. Evans, Y. Doz y A. Laurent, *Human Resource Management in International Firms*, Mcmillan Press, Londres, 1989, págs. 219-242.

Fama E. F y M. C. Jensen. «Separation of ownership and control», *Journal of Law and Economics*, 26(2), 1983, págs. 301-325.

Fayeweather, J. *Management of International Operations: Text and Cases*, McGraw-Hill, Nueva York, 1960.

Fouraker L. E. y J. Stopford. «Organization structure and multinational strategy», *Administrative Science Quarterly*, 13(1), 1968, pags. 47-64.

Franko, L. G. *The European Multinationals: A renewed Challenge to American and British Big Business*, Greylock, Stamford, CT, 1976.

Galbraith, J. *Designing Complex Organizations*, Addison Wesley, Reading, MA, 1973.

Ghoshal, S. «The innovative multinational: a differentiated network of organizational roles and management processes», tesis doctoral no publicada, Harvard Business School, 1986.

Ghoshal, S. «Global Strategy: An organizing framework», *Strategic Management Journal*, 8, 1987, págs. 425-440.

Ghoshal S. y C. A. Bartlett. «The multinational corporation as an interorganizational network», *Academy of Management Review*, 15(4), 1990, págs. 603-625.

Ghoshal S. y N. Nohria. «Internal differentiation within multinational corporations», *Strategic Management Journal*, 10(4), 1989, págs. 323-338.

Hamel, G. y C. A. Prahalad. «Strategic intent». *Harvard Business Review*, 89(3), 1989, págs. 63-67.

Hannan M. T. y J. Freeman «The population ecology of organizations», *American Journal of Sociology*, 82, 1977, págs. 929-964.

Hanna, M. T. y J. Freeman, *Organizational Ecology*, Harvard University Press, Cambridge, MA, 1989.

Hedlund, G. «Autonomy of subsidiaries and formalization of headquarters subsidiary relations in Swedish MNCs». En la edición de L. Otterbeck *The Management of Headquarter Subsidiary Relations in Multinational Corporations*, Gower, Aldershot, 1981, págs. 25-78.

Hedlund, G. «The hypermodern MNC: A heterarchy?», *Human Resource Management*, primavera 1986, págs. 9-35.

Hedlund, G. y D. Rolander. «Action in heterarchies: New approaching in managing the MNC». En la edición de C. Bartlett, Y. Doz y G. Hedlund, *Managing the Global Firm*, Routldege, Londres, 1990, págs. 14-46.

Hennart, J.F. *A Theory of Multinational Enterprise,* Universidad de Michigan, Ann Arbor, MI, 1982.

Hennart, J.F. «A model of the choice between firms and markets», documento de trabajo, Wharton School, 1989.

Hymer, S.H «The international operations of national firms: A study of direct foreign investment«, MIT, tesis doctoral, 1960, publicada por MIT Press en 1976.

Jensen, M. C. y W. H. Meckling. «Theory of the firm: Managerial Behavior, agency costs and capital structure», *Journal of Financial Economics,* 3, 1976, págs. 305-360.

Kim, Chan W. y R. A. Mauborgne. «Implementing global strategies: The role of procedural justice», *Strategic Management Journal*, número especial, verano 1991, págs. 125-143.

Krebs, T. «Corporate culture and economic theory», documento de trabajo, Stanford Graduate School of Business, Stanford University, 1984.

Lawrence, P.R. y J. Lorch. *Organization and Environment*, Harvard University Press, Cambridge, MA, 1967.

Lawrence, P.R. y D. Dyers. *Renewing American Industry*, Free Press, Nueva York, 1983.

Levitt B. y J. G. March. «Organizational learning», *Annual Review of Sociology*, 14, 1988, págs. 319-340.

March J. G y J. P. Olsen. *Ambiguity and Choice in Organizations,* Universitetsforlaget, Bergen, Noruega, 1976.

Martínez, J.I. y J. C. Jarillo. «The evolution of research on coordination mechanism in multinational corporations», *Journal of International Business Studies*, 20(3), otoño 1989, págs. 489-514.

Mathias, P. «The role of the logistics system in strategic change», tesis doctoral no publicada, Harvard Business School, 1978.

Meyer, J. y B. Rowan. «Institutionalized organizations: formal structures as myth and ceremony» *American Journal of Sociology*, 83, 1977, págs. 340-363.

Monteverde, K. y D.J Teece. «Supplier switching costs and vertical integration in the automobile industry», *Bell Journal of Economics,* 13, 1982, págs. 206-213.

Negandhi, A. R. (ed.) *Functioning of the Multinational Corporation,* Pergamon Press, Oxford, 1980.

Negandhi, A. R. y R. Baliga. «Internal functioning of American, German and Japanese Multinational corporations». En la edición de L. Otterbeck, *The Management of Headquarter Subsidiary Relationships in Multinational Corporations*, Gower, Aldershot, 1981, págs. 107-120.

Negandhi, A. R. *et al.* «Multinationals in industrially developed countries: A comparative study of American, European and Japanese multinationals». En la edición de A. R. Negandhi y B. R. Baliga, *Functioning of Multinational Corporations*, Pergamon, Oxford, 1980a, págs. 117-135.

Negandhi, A. R. *et al.* «Adaptibility of American, European and Japanese multinacional corporations in developing countries». En la edición de A. R. Negandhi y B. R. Baliga, *Functioning of Multinational Corporations*, Pergamon, Oxford, 1980b, págs. 136-164.

Nelson, R. R. y S. G. Winter. *An Evolutionary Theory of Economic Change*, Harvard University Press, Cambridge, MA, 1982.

Normann, R. *Management and Statesmanship*, SIAR, Estocolmo, 1976.

Ouchi, W.G. «Markets, bureaucracies and clans», *Administrative Science Quarterly,* 25, 1980, págs. 120-142.

Perlmutter, H. V. «The tortuous evolution of the multinational corporation», *Columbia Journal of World Business*, 1969, págs. 9-18.

Pfeffer, J. R. *Power in Organizations*, Pitman, Marshfield, MA, 1981.

Pfeffer, J. R. y G. R. Salancik. *The External Control of Organizations: A Resource Dependence Perspective*, Harper & Row, Nueva York, 1978.

Porter, M. E. *Competition in Global Industries*, HBS Press, Cambridge, MA, 1986.

Prahalad C. K. «The strategic process in a multinational corporation», tesis doctoral no publicada, School of Business Administration, Universidad de Harvard, 1975.

Prahalad, C. K. «Strategic choices in diversified MNCs» *Harvard Business Review*, julio-agosto 1976, págs. 67-78.

Prahalad, C. K y Y. Doz. «Strategic management of diversified multinational companies». En la edición de A. Negandhi *Functioning of the Multinational Corporation*. Pergamon Press, Oxford, 1980, págs. 77-116.

Prahalad, C. K. y Y. Doz. *The Multinacional Mission,* Free Press, Nueva York, 1987.

Prahalad, C. K. y G. Hamel. «The core competence of the corporation», *Harvard Business Review* 90(3), 1990, págs. 79-93.

Scott, W. R. «The adolescence of institutional theory», *Administrative Science Quarterly,* 32, 1987, págs. 493-511.

Singh, J. V. y C. J. Lumsden. «Theory and research in organizational ecology», *Annual Review of Sociology,* 16, 1990, págs. 161-195.

Stockey, J. *Vertical Integration and Joint Ventures in the Aluminium Industry,* Harvard University Press, Cambridge, MA, 1983.

Stopford, J., J. Dunning y K. O. Haberich. *The World Directory of Multinational Enterprises*, Facts on File, Nueva York, 1980.

Stopford, J. M. y L. T. Wells, Jr. *Managing the Multinational Enterprise,* Basic Books, Nueva York, 1972.

Teece, D. «Multinational enterprise, internal governance and economic organization», *American Economic Review,* 75, 1985, págs. 233-238.

Thompson, J. D. *Organizations in Action*, McGraw Hill, Nueva York, 1967.

Vernon, R. «International investment and international trade in the product cycle», *Quarterly Journal of Economics* 80(2), mayo 1966, págs. 190-207.

Weick, K. E. *The Social Psychology of Organizing,* Addison Wesley, Reading, MA, 1979.

Westney, E. «Institutionalization theory and the multinational enterprise». En la edición de S. Ghoshal y E. Westney, *Organization Theory and the Multinational Corporation*, Mcmillan Press, Londres, de pronta aparición.

Wilkins, M. *The Emergence of the Multinational Enterprise: American Business Abroad from Colonial Era to 1914,* Harvard University Press, Cambridge, MA, 1970.

Williamson, O.E. *Markets and Hierarchies: Analysis and Antitrust implications,* Free Press, Nueva York, 1975.

Williamson, O. E. *The Economic Institutions of Capitalism*, Free Press, Nueva York, 1985.

Williamson O. E. y W. G. Ouchi. «The markets and hierarchies program of research: Origins, implications, prospects». En la edición de W. Joyce y A. Van de Ven, *Perspectives on Organizational Design and Behaviour,* Wiley, Nueva York, 1981, págs. 347-370.

Woodward, J. *Industrial Organization: Theory and Practice*, Oxford University Press, Londres, 1965.

Zucker, L. G. «Organization as institutions». En la edición de S. Bacharach, *Advances in Organizational Theory and Research*, vol. 2, JAI Press, Greenwich, CT 1983, págs. 1-43.

Zucker, L. G. «Institutional theories of organization», *Annual Review of Sociology*, 13, 1987, págs. 443-464.

El mercado invisible: entrevista con C.K. Prahalad

A.J. VOGL*

Resumen

En su último libro, *The Fortune at the Bottom of the Pyramid*, C.K. Prahalad apuesta por convertirse en un factor clave con respecto a los mercados en desarrollo. Se resiste a la visión clásica del pobre como «pupilo del Estado» y demanda un «capitalismo inclusivo» que engloba a los miles de millones de personas que viven con dos dólares al día.

Pocos pensadores del management pueden afirmar haber cambiado la forma de pensar de los directivos. C.K. Prahalad es uno de ellos. En *Competing for the Future*, C.K. Prahalad y Gary Hamel hicieron que conceptos como «arquitectura estratégica» y, más especialmente, «competencias básicas» se introdujeran en el lenguaje de los negocios.

Del mismo modo que Prahalad fue muy importante en el cambio de la forma de pensar de los directivos con respecto a la estrategia, en *The Fortune at the Bottom of the Pyramid* defiende un capitalismo que incluye a las personas más des-

* Editor senior de *Across the Board*.

favorecidas económicamente. ¿Estamos ante un mercado, ante consumidores y ante una oportunidad de crecimiento? Prahalad mantiene que sí.

El subtítulo de su libro dice: «Erradicación de la pobreza a través de los beneficios». Una promesa bastante general radical, ¿no cree?

En absoluto. Mi libro trata de un nuevo orden económico mundial en el que hay un mercado invisible de 5.000 millones de personas. Para nosotros es invisible por el modo en que la sociedad nos ha enseñado a pensar. Si tomamos los principales países en desarrollo China, India, Brasil, México, Indonesia, Turquía, Rusia, Sudáfrica y Tailandia representan del 70% al 75% de la población pobre mundial y el 90% del PIB de los países en desarrollo. Solemos considerar el PIB en dólares estadounidenses, lo que no nos da una idea de la naturaleza y la intensidad del comercio en esos países. Por ello, es necesario tener en cuenta los dólares convertidos según la paridad del poder de compra. Si consideramos éstos, son unos 14 billones de dólares y esa suma es mayor que la de Alemania, Francia, Italia, Japón y Reino Unido juntos.

Usted dice que ésta es una gran oportunidad de mercado, pero en su nuevo libro reconoce que muchas de esas personas pobres viven con dos dólares al día o menos.

Así es.

¿Cómo pueden permitirse comprar bienes y servicios a las empresas?

Siempre suponemos: si tiene dinero, puedo vendérselo. Una cuestión más interesante trata de la creación de capacidad para consumir: ¿cómo le vendo algo de manera comercial, rentable si no tiene dinero? Un ejemplo muy estadounidense de cómo hacerlo es Singer, la empresa de máquinas de coser, hace 150 años. Las personas pobres que necesitaban las máquinas no tenían los 100 dólares para pagarlas y Singer dijo: «¿Por qué no paga en plazos de cinco dólares al mes?» Vendieron muchas máquinas de coser con este plan de financiación.

Esto es exactamente lo que Casas Bahía, un gran distribuidor de productos de consumo no perecederos, está haciendo ahora en Brasil. Si vivo en una de las favelas, no dispongo de los 300 dólares necesarios para comprar un televisor, pero sí es posible pagar 25 dólares al mes y, por tanto, si usted se fía de mí y me da crédito, entonces podré devolverle el dinero. Esto significa que ahorro y consumo al mismo tiempo. Si observamos Casas Bahía o Cemex, en México, por ejemplo, veremos que en primer lugar están creando esta capacidad de consumir. Lo primero que debe hacer una empresa es no decir que no hay mercado, sino, más bien, centrarse en cómo puede crear un mercado. Sin embargo, tradicionalmente, la orientación de la dirección de las grandes multinacionales siempre ha puesto el énfasis en la creación de más eficiencia en los mercados existentes.

Por tanto, ¿es cuestión no de modificar los modelos de negocio existentes, sino de crear uno nuevo?

Sí. Por ejemplo, las relaciones precio-rendimiento deben ser totalmente diferentes. Quizá sea necesario crear productos funcionalmente aún más avanzados, como el Jaipur Foot. Jaipur Foot, de la India, es el mayor proveedor mundial de prostética. El coste medio de un pie prostético en Estados Unidos es de 8.000 dólares; en la India, el Jaipur Foot, especialmente adaptado a la medida de los estilos de vida activos de los pobres, cuesta unos 30 dólares.

Tomemos como ejemplo el Aravind Eye Hospital de la India, las mayores instalaciones de oftalmología del mundo. Realizan 200.000 intervenciones quirúrgicas al año y, si observa los resultados, verá que el nivel de calidad es mucho más elevado que, por ejemplo, el del Reino Unido. No estamos hablando de unas instalaciones baratas. Son de primera categoría. ¿Cuánto cuesta, digamos, una operación de cataratas en Aravind? Para el 60% de la gente, la intervención es gratuita y el 40% restante paga entre 50 y 70 dólares, no los 3.000 que costaría aquí. Para hacer algo así es necesario plantearse dónde están los costes y realinear tanto el modelo de negocio como los procesos internos. Todo el flujo de producto debe cambiar profundamente, y esto es lo que han hecho allí. La afirmación de que, porque viven con dos dólares al día, algunas personas no son una oportunidad de mercado me dice más sobre nuestros prejuicios que sobre la oportunidad objetiva que allí se esconde.

Me parece que el mercado del que habla no es tan invisible como ignorado, que los comercializadores no sólo creen que no merece la pena, sino que también dan por supuesto que desestabilizaría sus actividades existentes.

Ésa es una perspectiva interesante, pero piense en lo que está ocurriendo ahora en este país. Estamos esforzándonos por ganar a duras penas un crecimiento orgánico del 2% al 3% y la mayoría de las empresas ha intentado llevar a cabo fusiones y adquisiciones con competidores para conseguir cierto crecimiento. Esto acaba convirtiéndose en una estrategia de recorte de costes, cuando se fusionan dos empresas, se pueden eliminar redundancias. Sin embargo, ¿dónde está la próxima ronda de crecimiento? Se puede conseguir más y más crecimiento en mercados tradicionales utilizando métodos tradicionales.

Observemos los sectores que están creciendo más rápidamente. Tomemos el de la telefonía móvil. Hay 300 millones de teléfonos móviles en China y no todos ellos están en manos de personas ricas. Hay 40 millones de teléfonos móviles en la India y 1,5 millones de nuevos abonados cada mes. De nuevo, no todos son personas ricas. Estas empresas se han construido sobre la base de ciudadanos pobres y normales. En China, India y Brasil tenemos 500 millones de teléfonos móviles, comparados con los 170 millones de Estados Unidos. Ahora bien, si somos Nokia o Motorola, ¿dónde querremos estar? No hace falta decirlo. No estaremos en Estados Unidos, pero, si no nos encontramos en China o en la India, nos perderemos las mayores oportunidades de crecimiento.

El aspecto más inquietante del mercado de la base de la pirámide es que se conocen tanto los problemas como las soluciones. Lo que suele faltar es la innovación fundamental para desarrollar la solución en un producto asequible y un sistema de distribución para ponerlo a disposición general. Algunas multinacionales occidentales están desarrollando un trabajo interesante Hindustan Lever Ltd., por ejemplo, la filial de Unilever que lleva en la India desde siempre. El déficit de yodo afecta a más de 200 millones de niños en los países en desarrollo, más de 100 millones de ellos en la India. Ahora, la manera más fácil de prevenir el retraso mental y otras discapacidades de las que es responsable el déficit de yodo (IDD) es que los niños reciban la cantidad adecuada de sal yodada en su dieta.

En la India, sólo el 20% de la sal es yodada e, incluso, pierde su potencia durante el almacenamiento, la cocción y por otras causas. Utilizando una tecnología avanzada desarrollada por la agencia de energía atómica de la India, Hindustan Lever encontró una manera de microencapsular la sal, para asegurarse de que se retenía el yodo. A continuación, la empresa tuvo que convencer a los consumidores de que su sal yodada era mejor que la sal no yodada y que la que no había sido encapsulada. Para educar los clientes de la base de la pirámide, realizaron anuncios de televisión, pero en las aldeas utilizaron la formación directa a través de mujeres de la aldea autorizadas.

Por supuesto, Lever es un nombre muy conocido, pero ¿dice que la lógica dominante de las empresas occidentales sostiene que los pobres no son conscientes de las marcas? ¿No está de acuerdo?

En absoluto. La mejor evidencia de su conciencia de marca es Casas Bahía, uno de los mayores vendedores de productos Sony en Brasil. En realidad, es muy lógico: si eres pobre, ¿qué aspiraciones tienes? No sólo comprar cualquier cosa, sino comprar algo que te lleve en una ruta aspiracional a ser quien quieres ser.

Así, en lugar del sistema audiovisual más barato, los consumidores prefieren un Sony.

Así es si el sistema Sony es asequible, pero estos productos son caros y, por tanto, como he dicho, Casas Bahía les ofrece préstamos y crea un patrón de consumo diferente. Sin esta opción, la gente puede acabar comprando sólo lo que sea asequible o no comprando nada en absoluto. Esto ocurre también con los helados o la Coca-Coca. En la India, Coca-Cola tuvo que reducir el tamaño de la botella de 350 ml a 200 ml, que puede venderse por unas asequibles 5 rupias, unos 11 céntimos. Antes, a 10 rupias, la gente no podía permitírselo. Coca-Cola tardó mucho tiempo en darse cuenta de ello.

Sea cual sea el precio (cinco o diez rupias), imagino que miembros de organizaciones de la sociedad civil lo considerarán como otro caso de explotación occidental: «Aquí viene Coca-Cola de nuevo a dominarnos».

Continuamente hacemos elecciones por otros y es una actitud muy elitista. ¿Quiénes somos para decir que un niño no se tome un helado o una Coca-Cola? Y después está el otro supuesto: los pobres hacen elecciones estúpidas. ¿Cuántas personas han comprado, por ejemplo, PDA que no funcionan?

Entonces, ¿podemos eliminar sin más todo este elitismo de los directivos que dicen «Esa gente no me importa» o de las ONG que dicen «Esa gente son mi grupo de interés y puedo elegir por ella»? ¿Podemos aceptar sin más que, si es una oportunidad de cambiar el mundo, debemos unirnos y no estar en los lados opuestos de la valla? La única manera de hacerlo es estudiar casos en los que ambos sectores hayan trabajado juntos con éxito.

Un ejemplo: durante años, en la India, los clientes de la base de la pirámide se veían obligados a depender de prestamistas locales para obtener créditos a tipos de interés de hasta el 500% al año. ICICI Bank, la segunda mayor institución bancaria en la India, vio que esas personas eran muy importantes para su futuro, pero ¿cómo convertirlas en clientes de una manera rentable? ICICI acudió a los grupos de autoayuda de las aldeas, a los que ayudaba a organizarse. Dio formación sobre ahorros, préstamos, inversiones, etc. a grupos de veinte mujeres y, así, cada mujer contribuye a una cuenta de ahorro conjunta con los demás miembros. Basándose en el historial de ahorro del grupo de autoayuda, el banco presta entonces dinero al grupo, que, a su vez, ofrece dinero a sus miembros individuales. El grupo, en efecto, se convierte en una extensión del banco. Hasta ahora, ICICI ha desarrollado 10.000 de estos grupos y ha llegado a 200.000 mujeres. El ICICI está trabajando con comunidades locales y con ONG para ampliar su alcance.

¿La mayoría de su trabajo se centra en la base de la pirámide o eso es complementario a su otro trabajo de consultoría?

Una combinación de ambas cosas, aunque en realidad estoy en proceso de crear una práctica de consultoría totalmente orientada a la base de la pirámide, llamada «la práctica siguiente». No la mejor práctica, porque, como en la actualidad estamos tan orientados a las comparaciones competitivas, todos se fijan en las mejores prácticas. Mi postura es que, si todos siguieran las mejores prácticas de todos los demás, acabaríamos convergiendo en lo mismo y la mejor práctica no daría ninguna ventaja.

La estrategia debería referirse siempre a la acción siguiente. Esto es lo que he planteado en mi carrera como consultor. Hace veinte años, pensar en la sensibilidad local y la integración global era la práctica siguiente y, hace diez, era la competencia básica. Lo interesante es que aquí hay cierta continuidad intelectual. Pensemos en la base de la pirámide. Una empresa global necesita apalancar su fuerza global, poner en acción tecnologías y recursos, pero debe ser muy local. En la India no puedes decir: «Soy McDonald's y sólo voy a ofrecer hamburguesas». Tienes que ofrecer hamburguesas vegetales.

Por motivos obvios.

Sí. Los pobres tienen que poder permitirse comprar lo que les vendes. Si eres Coca-Cola, no puedes decir: «Hay un sólo tamaño de envase en todo el mundo y ya está». Tienes que reducir el tamaño del envase. Hay que ser muy sensible con respecto a las necesidades locales.

Sobre algunas de las cosas de las que habla (por ejemplo, unidades de envase más pequeñas en el caso de Coca-Cola), seguramente las multinacionales ya habrán pensado en ellas.

En algunos puntos. Siempre hay una monodosis de jabón o de dentífrico en las compañías aéreas.

Sin embargo, nunca han pensado en ello como un artículo de mercado de masas.

Así es. Podemos vender monodosis a una compañía aérea a un precio elevado, pero, cuando comercializamos masivamente, debemos preocuparnos por la distribución, manteniendo la calidad, llegando a lugares difíciles y, al mismo tiempo, fabricando artículos muy baratos vendiendo champú a un centavo, por ejemplo. Entonces, nos preguntamos: ¿cómo se puede vender algo a un centavo y ganar dinero? ¿Cómo se venden 12.000 millones de unidades? Ésas son preguntas difíciles. Hay toda una nueva economía de artículos monodosis y no creo que lo hayamos pensado muy bien, debido a lo que yo denomino «wal-martización» envases cada vez más grandes.

Costco o Sam's Club son otros grandes ejemplos.

Sí. Los envases cada vez más pequeños son la otra cara de la moneda. Los envases monodosis tienen algunas consecuencias muy interesantes. Si yo, como consumidor, compro, digamos, cinco libras de detergente, me quedo con él. Si soy lo bastante rico o no me gusta, puedo tirarlo. Los pobres no pueden permitírselo. En cambio, van a la tienda de la aldea y compran una pequeña cantidad cuando la necesitan y cuando pueden permitírsela. Económicamente, es igualmente racional. Si compro una monodosis y no me gusta, puedo cambiar a otra marca mañana por la mañana. Esto lleva a una pregunta crítica: ¿cómo se retiene a los clientes? Las marcas deben demostrar continuamente un valor superior a los clientes e innovar constantemente.

Le entrevisté para Across the Board *hace diez años y hablamos de lo que usted denominaba «espacios en blanco». Quizá recuerde esa expresión. No sé si ya se ha convertido en parte de nuestro lenguaje...*

Ah, sí, se ha convertido en parte de nuestro lenguaje. Puedo asegurárselo.

... refiriéndose a cosas que caen a través de las grietas. Uno de los puntos que defendía era que una empresa ve oportunida-

des a través de las lentes de varias unidades de negocios, pero, puesto que muchas atraviesan varias unidades, desaparecen. ¿Podría suceder esto con su idea de la base de la pirámide?

Sí. No sólo por parte de las unidades de negocio o por parte de la organización como un todo, que sólo ven los mercados desarrollados y consideran que los mercados en desarrollo son lo que yo denomino «distracciones atractivas». Nos preocupa que los puestos de trabajo de TI se subcontraten a la India. No obstante, en lugar de ello, preguntémonos: ¿No necesitarán esas personas ordenadores Dell? ¿O Windows? ¿O aparatos de aire acondicionado? ¿De dónde vendrán los sistemas de telecomunicaciones? A medida que la prosperidad aumenta en esos países, nuestros mercados también crecen. Hablar políticamente de puestos de trabajo que migran al extranjero sin observar que se están creando nuevos mercados para nuestras tecnologías es una estupidez.

El mayor mercado para los tractores y la maquinaria de construcción de Caterpillar es China, no Estados Unidos. Lo mismo ocurre con los automóviles. Muy pronto, China superará a Japón para convertirse en el segundo mayor mercado. ¿Cómo se puede ignorar al segundo mayor mercado? En la India ya se ha alcanzado un millón de unidades y el sector está creciendo a un 25% anual. El sector del automóvil en Estados Unidos no crece a un 25%.

¿Y los precios de los coches en la India? ¿Son comparables a los de los fabricados aquí, en Europa?

Son mucho más bajos. El centro de gravedad del mercado del automóvil hindú es un coche de 6.000 dólares y no es un mal coche. De hecho, una empresa automovilística exporta sus coches a Rover, en el Reino Unido, para comercializarlos en Europa. Cumplen las normas europeas de emisión de gases. No tienen todos los accesorios que tiene un coche de 35.000 dólares, pero eso es obvio.

¿Por cuánto se venderá en Europa?

Por unos 12.000 dólares. Ahora la misma empresa habla de producir un coche de 3.000 dólares, adoptando un enfoque totalmente diferente con respecto a la fabricación de vehículos.

Mientras, en Estados Unidos, todos se centran en el mercado de lujo, ya que quieren estar en el mismo espacio abarrotado que ocupan Lexus, Mercedes, Jaguar, Cadillac y Lincoln. Nadie mira a la gente ordinaria. ¿Por qué no tenemos un primer coche para una persona que entra en la fuerza de trabajo, un recién licenciado, una secretaria o un joven que empieza a trabajar en la construcción? Ahora, se ven obligados a recurrir a un coche de segunda mano.

¿Por qué no lo tenemos?

Es una cuestión de prioridades mal establecidas. Para fabricar un buen coche que, al mismo tiempo, tenga un precio bajo, debemos replantearnos profundamente las estructuras de costes. Creo que las empresas más grandes aceptan las estructuras de costes como dadas, razonables. Nadie se pregunta cómo hacerlo por una veinteava parte del coste de lo que hacemos por las mismas prestaciones. Si no nos planteamos la pregunta, no encontraremos la respuesta. Todo el mundo se centra en la reducción de costes del 5% o el 10%, en lugar de reducir drásticamente el coste. Eso es lo que hay que hacer cuando se opera en países pobres.

Al hablar de prioridades mal establecidas, me ha hecho pensar en otra cosa que dijo usted en nuestra anterior entrevista: «Las tremendas disparidades en los ingresos aumentan las probabilidades de que los altos directivos queden desconectados de los empleados en primera línea». Eso es lo que dijo usted hace diez años. No sé si hoy todavía cree lo mismo.

Sí, incluso más.

Bueno, ¿esta disparidad no se agrava por la distancia cada vez mayor entre la alta dirección y los muy pobres?

Sí. Éste es el motivo de que no veamos la oportunidad. Usted plantea una pregunta interesante. ¿Cuándo fue la última vez que cualquier alto directivo se paseó por el centro de Detroit? Puedo ir a la India y alojarme en los mejores hoteles y no será diferente de Nueva York a menos que pasee por las calles y vaya a las aldeas para comprender cómo vive la gente.

Retomemos el caso de Unilever y, en aras de la honradez y la transparencia, permítame decir que estoy en el consejo de administración de Hindustan Lever y, por tanto, puedo decir esto con confianza. Cuando alguien entra en la empresa, independientemente de quién sea o del nivel al que entre, antes de continuar con el trabajo habitual debe vivir en una aldea durante tres meses. No visitarla, sino vivir en ella. Debe desarrollar un proyecto aquí, como, por ejemplo, construir una presa para tener que trabajar con la gente del lugar. ¿Por qué? Porque la empresa quiere que entiendas a tus clientes. Cada año, durante un día, todos los empleados, desde el presidente del consejo hasta el último empleado, deben salir de la oficina y visitar a una familia pobre de consumidores. Después de la visita, deben regresar y redactar un informe sobre lo que han aprendido y sobre cómo afectará ello a las prácticas de dirección y de desarrollo de producto.

Esto es lo que hace falta. En mi anterior libro, decía que la alta dirección y los empleados están desconectados. Esto sigue siendo cierto; de hecho, si observamos todos los escándalos, ello se debe a que la desconexión se hizo aún mayor en los últimos diez años. Este libro afirma que hay una gran desconexión entre todos los directivos de empresas multinacionales no sólo la alta dirección y 5.000 millones de posibles compradores, ya que no vemos a la gente pobre, no sabemos cómo vive.

Por ejemplo, cuando me preguntan si la gente pobre tiene dinero, pregunto: «¿Sabe qué tipos de interés pagan cuando piden dinero a los prestamistas?». Me responden que no lo saben. Supongamos que digo que es un 300%. Digamos que usted ofrece el 25%. Creerán que es un salvador. El 25% puede ser más que el 10%, que se da a los mejores clientes, pero supera al 300%. Suena bien, dicen. Entonces les pregunto: «¿Por qué les quiere cargar el 25% a esas personas, cuando aplica el 10% a los ricos?» Responden que hay más riesgos, los pobres incumplen. Y yo digo: «Esto es un supuesto; los hechos son totalmente opuestos». Si observamos Grameen Bank y su experiencia en microfinanciación y esto se ha documentado muy bien, el índice de incumplimiento es inferior al 1%. ¿Qué índice de incumplimiento tiene una empresa automovilística en este país? El 5% o el 6%. Así, ¿quién debería ser el cliente de mayor riesgo? Las personas pobres deberían obtener una clasificación de triple A. Si va a prestarme dinero a mí al 10%, a ellos debería dárselo al 5%.

Un viejo proverbio hindú dice que es necesario un poco de suciedad para crear una perla. En otras palabras, si no tienes el irritante, no se hará ninguna perla.

¿Y usted es el irritante?

Yo soy el irritante. Lo que yo quiero se reduce a cosas simples, como ver la sonrisa de un niño comiéndose un helado en un día de calor. Parece una prueba muy simple, incluso estúpida, pero no lo es si piensa profundamente en cómo hacerlo, especialmente en un país en el que hay apagones y bajadas de tensión frecuentes. ¿Cómo se mantiene blando el helado a la temperatura adecuada, que es de 18 grados? Debes replantearte totalmente la refrigeración. Esto no es algo especulativo: ahora hay máquinas de venta automática de helados que no es necesario que se carguen en dos días.

Así, si hay un apagón o una bajada de tensión, ¿el helado no se derretirá?

No, no se derretirá. Además, este método de refrigeración reduce la cantidad de electricidad suministrada, porque, en un país como la India, el 40% del coste del helado es electricidad en una máquina de venta automática. Parece un problema simple, pero, cuando lo analizas en detalle, tienes que cambiar las cosas drásticamente. Piense en lo que significa para cada niño hindú poder comprar un helado. Es necesario haber creado riqueza en el país, así como precios asequibles, redes de distribución y niveles de calidad. Si se consigue, esto implica una economía muy vibrante.

Por tanto, ¿ésta es la referencia de democracia que utiliza Prahalad: un helado en un día caluroso?

Para mí, democracia y libertad no significan nada si la gente no puede tomarse un helado cuando lo desea.